이스라엘의
2013
반경제력집중법

이스라엘의 2013 반경제력집중법

초판 1쇄 발행 2021년 9월 15일

지은이 박상인

펴낸곳 서울대학교출판문화원
주소 08826 서울 관악구 관악로 1
도서주문 02-889-4424, 02-880-7995
홈페이지 www.snupress.com
페이스북 @snupress1947
인스타그램 @snupress
이메일 snubook@snu.ac.kr
출판등록 제15-3호

ISBN 978-89-521-3055-6 93320

이 책은 2021년도 서울대학교 한국행정연구소 연구총서로 발간되었습니다.

서울대학교 한국행정연구소 연구총서

ANTI-CONCENTRATION LAW IN ISRAEL

이스라엘의 2013 반경제력집중법

박상인 지음

서울대학교출판문화원

머리말

'이스라엘' 하면 많은 이미지가 연상된다. 최근에 4차 산업혁명이나 벤처에 관심이 많은 젊은 사람들에게는 '스타트업(start-up)의 나라'라는 생각이 들 수 있을 것 같다. 종교에 관심이 있는 사람들은 '기독교'와 '예루살렘'을 먼저 떠올릴 수도 있다. 내 또래 사람들은 제2차 세계대전 때 나치가 저지른 '유대인 대학살(Holocaust)'이나 '중동의 화약고'를 연상할 듯하다. 거의 2천 년 동안 나라 없이 전 세계에 흩어져 살던 유대인들이 제2차 세계대전 이후에 독립 국가인 이스라엘을 '건국'한 것 역시 많은 사람이 기억할 것이다.

미국에서 박사과정을 밟을 때 박사학위논문의 지도 교수가 유대인계 캐나다인이었던 저자는 이스라엘에 대한 관심이 많은 편이라고 스스로 생각하고 있었다. 그런데 이스라엘에도 한국의 재벌과 같은 특정 가문이 지배하는 대기업집단이 존재하고, 이러한 재벌문제를 해결하기 위해서 반경제력집중법(Law for Promotion of Competition and Reduction of Concentration, 5774-2013, 줄여서 통상 Concentration Law 또는 Anti-Concentration Law라고 부름)을 2013년에 제정했다는 사실을 알게 된 것은 2014년 봄이었다. 영국 기업의 지배구조를 오랫동안 연구하고 있는 옥스퍼드 대학교 콜린 메이어(Colin Mayer) 교수와 한국 재벌문제를 이야기하다가, 메이어 교수로부터 자신이 직접 발표자로 참석했던 2013년 이스라엘 대통령 주관 학술대회(presidential conference)

의 내용과 발표 자료들을 소개받은 것이다. 이 학술대회는 이스라엘이 반경제력집중법을 제정하는 과정에서, 기업집단과 기업지배구조 연구를 수행하고 있던 외국 연구자들의 의견을 듣기 위한 모임이었다.

메이어 교수와의 면담 이후 저자는 이스라엘의 2013년 반경제력집중법의 내용과 제정 과정에 대한 정보를 여러 경로로 수집하고자 노력했다. 그러나 영어로 작성된 문건은 한정적이었고, 더욱이 이스라엘이라는 나라의 역사와 경제 상황에 대한 구체적인 맥락을 이해하지 못한 상태에서 이 법의 의미와 효과를 제대로 판단하기 어려웠다. 이스라엘을 방문해서 관계자들과 인터뷰도 하고 자료도 수집해야 할 필요성을 절감한 것이다.

이런 고민을 하고 있던 중, 2015년 늦봄에 KBS 방송국의 〈명견만리〉라는 프로그램을 담당하고 있는 PD 한 분이 혁신과 재벌개혁에 관해 자문을 받고 싶다고 연락을 해 왔다. 2012년에 저자가 쓴 『벌거벗은 재벌님』이라는 책을 이미 읽고 연락한 것이었다. 미팅에서 〈명견만리〉 담당 PD에게 여러 가지 설명을 하면서 이스라엘의 이야기를 하였고, 결국 2015년 10월에 KBS 〈명견만리〉 팀과 함께 이스라엘 출장을 다녀오게 되었다.

2015년 10월 첫 번째 이스라엘 방문에서 2013년 반경제력집중법 제정에 깊이 관여했던 히브리 대학교의 캔덜(Eugene Kandel) 교수, 그리고 야페(Yishay Yefeh) 교수와 꽤 오랜 시간 인터뷰를 하게 되었고, 이를 통해서 법 제정에 관한 기초적인 사실과 구체적인 정보를 접할 수 있었다. 캔덜 교수는 반경제력집중법 제정 당시에 이스라엘 총리실의 국가경제자문회의(National Economic Council) 의장을 맡았으며, 법 제정을 위해 만들어졌던 경쟁력강화위원회(The Committee on Increasing

Competitiveness in the Economy)에서도 중추적인 역할을 수행했던 인물이다. 야페 교수는 이스라엘의 기업지배구조 개혁에 관한 학술논문들을 작성 중이었는데, 이 첫 만남 이후에 지금까지 지속적으로 연락을 하고 있다. 2015년 방문 기간 중에는 이스라엘 경쟁당국도 방문해 법 제정 전후 과정과 이스라엘 경쟁당국의 역할을 청취했고, 어느 중산층 가정을 방문해 이스라엘 재벌이 시민들의 일상생활에 미치는 영향도 확인할 수 있었다. 또한 중동의 실리콘밸리라고 불리는 텔아비브(Tel Aviv)의 실리콘 와디(Wadi, 히브리어로 '계곡'을 의미)를 방문해 시 관계자, 벤처캐피털, 스타트업 기업인들과도 인터뷰를 할 수 있었다. KBS 〈명견만리〉 팀이 여러모로 이런 인터뷰를 주선해 주었고 또 방송을 위한 촬영도 했다.

2015년 이스라엘 방문을 통해 수집한 자료와 인터뷰 내용은 2017년에 발간한 『왜 지금 재벌개혁인가』라는 책에 정리해서 소개한 바 있고, "이스라엘에서 일어난 것과 유사한 재벌개혁이 한국에서도 가능할 것인가"라는 문제의식을 가지고 시뮬레이션 연구를 수행한 결과는 2017년 『한국경제포럼』에 「이스라엘 경제력집중법의 한국 재벌개혁에 대한 함의」라는 제목의 논문으로 발표했다. 이런 저술 활동과 병행하여 각종 토론회 발표나 언론 기고를 통해 이스라엘의 2013년 반경제력집중법을 국내에 소개했다. 그 결과 이스라엘의 재벌개혁 사례가 우리나라에서 이제 아주 낯선 이야기는 아니게 된 듯하다.

그러나 여전히 이스라엘 개혁 사례를 의도적으로 무시하려는 시도가 많은 것도 사실이다. 이 중 가장 대표적인 반응은 "이스라엘 사례는 한국 실정과 맞지 않다"는 것이다. 그러나 이런 주장은 이스라엘과 우리 현실에 대한 이해 모두 너무 피상적이기 때문에 생기는 현상이다. 이런 일련의 반응을 보면서, 이스라엘 개혁 사례를 다루는 책을 써야겠다는 생각이 확고해졌다. 그리고 이스라엘 반경제력집중법의 주요 내용 집행이 완료되는 시점인 2019년 말 이후에 이스라엘을 다시 방문해서 반경제력집중법의 제정과 집행 그리고 그 결과를 일관되게 정리해야겠다는 생각이 절실했다.

결국 2020년 1월에 이스라엘을 두 번째로 방문하게 되었는데, 이 기간에는 반경제력집중법 제정과 집행에 직·간접적으로 관여했던 사람들을 더 많이 만날 수 있었다. 2015년 방문 시에 만났던 캔덜 교수와 야페 교수 외에도, 소수주주동의제(Majority of Minority Rule: MoM)를 이스라엘 회사법에 도입하는 과정에 주도적인 역할을 했던 텔아비브 대학교 법대의 함다니(Hamdani) 교수, 반경제력집중법 입법 당시 법무부 차관(Deputy Minister of Justice)으로서 경쟁력강화위원회 위원을 겸하며 입법 과정을 실질적으로 총괄한 리흐트(Licht) 변호사, 히브리 대학교 박사학위논문에서 이스라엘의 경제력집중 문제를 최초로 실증적으로 보여줌으로써 이스라엘 개혁의 시발점을 만든 이스라엘 중앙은행(Bank of Israel)의 코센코(Kosenko) 박사, 한국 공정거래위원회에 해당하는 이스라엘 경쟁당국(Israel Competition Authority)의 수장인 할페린(Halperin) 변호사 등을 만났다. 특히 이스라엘 경쟁당국과의 미팅에는 경제력집중 문제를 담당하는 (국장급) 책임자인 브래치펠트(Brachfeld)도 동석했다. 이 자리에서는 이스라엘 반경제력집중법 집행에 대한 논의뿐 아니라, 이스라엘 반경제력집중법(일부)의 영문 번역본과 필수 인프라에 대한 권리 할당 및 양도 시 경제력집중 문제의 평가방법, 이와 관련된 주요 사례 문건도 입수할 수 있었다. 한편, 『더마커(*The Marker*)』라는 경제지를 만들고 반경제력집중법 제정에 대한 여론을 조성하여 입법을 압박했던 언론인 롤닉(Rolnik)은 시카고 대학교 경영대학의 실무교수(Clinic Professor)로 자리를 옮긴 상태라서 이스라엘에서 직접 만날 수는 없었으나, 이후 연락이 닿아 화상으로 연락을 주고받을 수 있었다.

반경제력집중법 제정과 집행의 역사적 맥락을 이해하기 위해서, 이 책은 1947년 이스라엘의 건국 이후 경제사를 간략하게 소개하면서 시작한다. 건국 이후 1984년까지 이스라엘의 경제는 이스라엘식 사회주의 또는 사회민주주의 체제인 '마파이(Mapai) 체제'였다고 할 수 있다. 이 체제하에서 정부와 노동조합연맹(히스타드루트, Histadrut)이 이스라엘 제조업의 가장 중요한 소유주였는데, 이들이 소유한 제조업체들은 1985년에 제조업 생산량의 50%를 차지할 정도였다. 그런데 1967년 6일 전쟁과 1973년 욤 키푸르 전쟁(Yom Kippur War) 이후에 이스라엘의 일반정부 지출은 빠르게 증가했고, 1985년에는 GDP의 77%를 차지하기에 이르렀다. 정부지출의 급증은 조세 부담의 증가로 이어졌고, 이는 고용과 투자에 부정적인 영향을 미쳤다. 세금인상에도 불구하고 정부의 재정적자가 급증했는데, 1974년부터 1985년 사이에 재정적자는 GDP의 14% 수준이었다. 세금 부담과 재정적자의 급증은 높은 인플레이션, 경제의 불확실성 증가, 높은 이자율로 이어졌고, 이는 다시 민간투자 부진과 성장률 저하로 연결되었다. 정부가 자본시장에서 자금조달을 늘리면서 자본시장은 사실상 국유화되었는데, 1983년에는 상위 다섯 개 은행 중에 네 개가 국유화되기에 이르렀다. 이러한 이유로, 욤 키푸르 전쟁 이후인 1974년부터 1984년까지 10년의 기간을 '잃어버린 10년(The Lost Decade)'이라고 불렀다.

1985년에 이스라엘은 국가부도 사태 발생 일보직전의 상황이었다. 인플레이션은 연간 400%를 초과했고, GDP 성장은 멈췄으며, 순국가채무는 GDP의 80% 수준에 육박했다. 이런 경제위기 상황을 타파하고자 이스라엘 정부는 1985년 7월 1일 경제안정화 프로그램(1985 Economic Stabilization Program)을 시행했고, 1991년까지 이 정책을 일관되게 유지했다. 1985년 경제안정화 프로그램은 세계적으로 보기 드문 성공 사례라고 평가되고 있다. 경제안정화 프로그램을 통해 자본주의와 시장경제체제로 급속한 전환이 이루어졌고, 통신장비와 소프트웨어 분야를 필두로 하는 하이-테크(High-Tech) 산업들이 출현했다.

이스라엘 정부는 경제안정화 프로그램의 일환으로, 정부가 소유한 기업들과 국유화된 은행 대부분을 민영화 과정을 통해 민간에 매각했다. 그러나 이런 민영화 과정을 거치면서 소수의 가문이 대다수의 이스라엘 기업을 지배하는 경제력집중의 문제가 발생하고 말았다. 특히 은행을 포함한 금융 부문과 비금융 부문 사이에 회사 이사 겸직이나 출자 관계를 통한 인적·소유지배적 네트워크가 형성되었고, 은행과 인프라 산업에서 독과점이 심해졌다. 은행 산업은 이스라엘에서 가장 중요한 산업 중 하나이면서 가장 과점적인 산업이었는데, 은행 산업 자산의 약 2/3가 하포알림(Hapoalim)과 레우미(Leumi)라는 두 개의 은행에 집중돼 있었다.

금산복합 재벌의 등장과 경제력집중에 대한 우려가 커지자, 이스라엘 정부는 2010년 10월 경쟁력강화위원회를 구성하여 본격적인 재벌개혁에 나섰다. 이런 와중에 2011년 7월부터 약 두 달간 이스라엘 건국 이래 최대 규모의 시위가 발생했다. 2011년 9월 3일에는 약 50만 명이 이스라엘 전역 많은 도시에서 "사회 정의를 요구한다(The people demands social justice)"는 구호를 외치며 가두시위를 펼쳤다.

이러한 개혁 움직임에 대해, 이스라엘 재벌들의 반격이 없었던 것은 아니었다. 이스라엘의 주요 신문 중에서 『더마커』만이 유일하게 경제력집중의 폐해와 개혁을 요구하는 캠페인을 전개했으며, 지배주주가 있는 대다수의 신문들은 개혁에 반대하는 입장을 취했다. 그러나 이런 논쟁의 와중에 당시 이스라엘의 최대 재벌이었던 IDB가 붕괴했고, 이는 재벌체계로 인한 시스템 리스크에 대한 경각심을 일깨웠다. 결국 2013년 12월에 연정을 구성한 여당 의원 42명과 야당 의원 30명의 찬성으로 반대표 없이 이스라엘 의회(Knesett)는 반경제력집중법을 통과시켰다.

이 책은 2013년 이스라엘 반경제력집중법 제정의 배경과 과정 그리고 내용 및 집행을 상세히 소개하고, 미국과 일본의 개혁 사례와의 비교를 통해 그 의의를 평가한다. 나아가 이를 통해 궁극적으로 한국 재벌 정책을 조명하고 향후 과제를 도출하고자 한다. 보다 구체적인 책의 구성은 다음과 같다.

제1장에서는 이스라엘 경제사를 개관하고, 제2장에서는 2013년 반경제력집중법 제정 배경과 과정을 소개하면서, 어떻게 이런 입법이 정치적으로 가능했는지를 살펴본다. 제3장에서는 반경제력집중법의 구체적 내용을, 제4장에서는 동법의 집행 결과를 포괄적으로 분석한다. 제5장에서는 미국의 뉴딜 정책을 통한 개혁 사례와 제2차 세계대전 이후 일본의 재벌개혁 사례를 들어 이스라엘 반경제력집중법의 의미를 비교·평가한다. 마지막으로, 제6장에서는 이스라엘 사례를 통해 왜 한국에서는 재벌개혁이 제대로 이뤄지지 못하고 있는지를 살펴보고, 한국 재벌개혁에 대한 함의와 한국적 맥락에서의 실행전략을 논의한다.

이 책은 많은 도움이 있었기에 쓸 수 있었다. 먼저, 두 차례의 이스라엘 방문은 서울대학교 행정대학원 '시장과 정부 연구센터'의 지원으로 가능했다. 집필에 필요한 인터뷰에 기꺼이 응해 주고 많은 참고문헌을 제공해 준 캔덜(Kandel) 교수, 야페(Yefeh) 교수, 함다니(Hamdani) 교수, 리흐트(Licht) 변호사, 코센코(Kosenko) 박사, 할페린(Halperin) 변호사, 브래치펠트(Brachfeld) 국장, 롤닉(Rolnik) 교수에게 다시 한번 감사를 드린다. 또한 관련 자료들을 정리해 주고 원고를 꼼꼼히 읽어 준 김주현 박사와 서울대학교출판문화원의 관계자 여러분에게도 감사의 마음을 전한다. 마지막으로 아내 황보경에게도 사랑과 감사의 말을 전하고 싶다.

2021년 8월

관악에서 박상인

차례

표 차례

그림 차례

제1장

이스라엘 경제사 개관

2020년 1월 기준 이스라엘의 인구는 약 915만 명으로 추산되는데, 이 중 아랍계가 인구의 20.9%를, 하레디(Haredi) 유대인[1]이 11.8%를 각각 차지하고 있다.[2] 2018년 기준으로 이스라엘의 1인당 GDP는 약 38,000달러였는데, 2011년에 1인당 GDP가 처음으로 30,000달러를 넘어선 이후로 연 평균 2.4%에서 4.0% 사이의 성장을 지속하고 있다. 아랍계와 하레디 유대인은 사회적·종교적 이유로 교육수준이 낮고 노동시장 참여율도 저조한데, 이들이 전체 인구의 거의 1/3을 차지하고 있음에도 불구하고, 이스라엘 경제가 이와 같이 지속적인 성장을 유지하고 있는 것은 놀라운 일이다.

사실, 오늘날 이스라엘의 이런 성장은 과감한 구조개혁을 두 차례나 성공적으로 수행했기에 가능한 것이었다. 2013년 이스라엘의 반경제력집중법 제정과 집행의 맥락을 이해하기 위해서는 1947년 건국 전후의 이스라엘 역사와 건국 이후 경제사를 먼저 살펴볼 필요가 있다.

1 '두려움', '경외'를 뜻하는 히브리어 '하레드(hared)'에서 유래한 용어로, 이스라엘에서 가장 보수적인 유대교 신자 집단을 일컫는다. 하레디 유대인은 세속주의를 극단적으로 배격하는 초 정통파(Ultra-Orthdox) 유대교 신자 집단이다(출처: 『시사상식사전』, 박문각).

2 Israel Central Bureau of Statistics.

1. 이스라엘 건국과 영토 분쟁

이스라엘은 지중해의 동쪽에 위치하면서 이집트·요르단·시리아·레바논 등과 국경을 접하고 있는, 강원도 정도 크기의 나라이다.[3] 서기 6년 헤롯왕조(Herodian dynasty)가 몰락한 이후에, 현재의 이스라엘·서안지역(West Bank)·요르단 등을 포괄하는 팔레스타인(Palestine) 지역은 과거 로마제국·동로마제국·아랍무슬림 등의 지배를 차례로 받았다. 그리고 1517년부터 제1차 세계대전 때까지 약 400년 동안, 현재 터키의 전신인 오스만제국(Ottoman Empire)이 팔레스타인 지역을 포함한 대부분의 중동지역을 통치했다.

그런데 제1차 세계대전이 최고조로 치닫고 있던 1917년, 연합국(the Allies)에 대한 유대인들의 재정적 지원을 얻기 위해 영국의 외무부장관 밸푸어(Arthur James Balfour)가 팔레스타인 지역에 유대인 국가의 건국을 지지하는 이른바 밸푸어 선언(Balfour Declaration)을 발표했다. 제1차 세계대전에서 패전국이 된 오스만제국은 중동지역 영토 대부분을 상실했고, 승전국인 영국이 1918년에 팔레스타인 지역을 점령했다. 1922년에는 밸푸어 선언과 영국의 팔레스타인 지역에 대한 신탁통치(British mandate)가 국제연맹(League of Nations)에 의해 승인되었고, 팔레스타인 지역에 대한 영국의 신탁통치는 제2차 세계대전 이후인 1947년에 UN(United Nations)이 이스라엘 건국을 승인하기 전까지

3 이 절의 내용은 history.com(https://www.history.com/topics/middle-east/history-of-israel)과 위키피디아(https://en.wikipedia.org/wiki/History_of_Israel)를 주로 참고해 작성하였다.

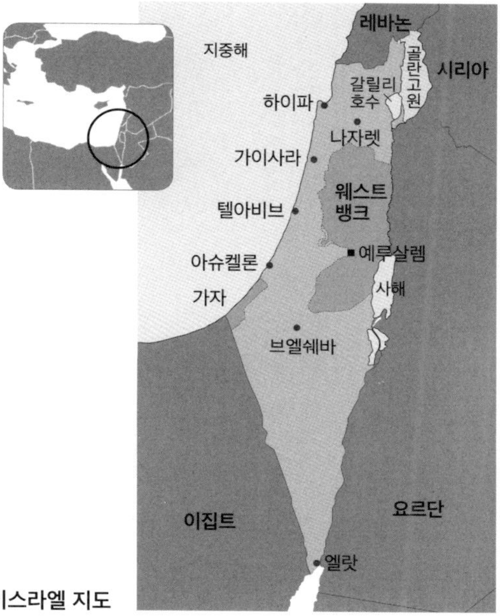

그림 1-1. 이스라엘 지도

지속되었다.

이스라엘 건국에 기초가 된 밸푸어 선언이 나온 배경에는 시온주의(Zionism) 운동이 있었다. 19세기 말과 20세기 초에 시온주의로 알려진 조직화된 종교·정치적 유대민족주의 운동이 유대인 사이에서 확산되었는데, 시온주의자들(Zionists)은 팔레스타인 지역에 유대인 국가를 다시 건국하는 목표를 추구했다. 시온주의 운동으로 인해 이미 1882년과 1903년 사이에 35,000명의 유대인이 팔레스타인 지역으로 이주했고, 1904년에서 1914년 사이에는 40,000명의 유대인이 추가로 이 지역에 정착했다. 이후 나치(Nazi) 통치하에서 억압과 공포를 느낀 많은 유대인이 유럽에서 팔레스타인 지역으로 이주했으며, 시온주의를 추종하게 되었다. 결국 제2차 세계대전 종전 이후인 1947년, UN은 팔레스타인 지역을 유대인 국가와 아랍 국가로 분할하는 계획을 승인했다. 이에 따라 1948년 5월 이스라엘은 공식적인 독립국가로 선언되었고, 벤-구리온(David Ben-Gurion)이 이스라엘의 첫 번째 총리(prime minister)로 지명되었다.

그러나 아랍연맹(Arab League)은 UN의 팔레스타인 분할 계획을 거부했고, 결국 이스라엘 건국은 아랍 국가들과 이스라엘의 군사적 분쟁으로 이어졌다. 1948년 아랍-이스라엘 전쟁(1948 Arab-Israeli War)이 발발했고, 1956년에는 수에즈 운하 통제권을 둘러싸고 이집트와 이스라엘 사이에 전쟁이 일어났다. 1967년에는 이스라엘이 이집트, 시리아, 요르단을 기습적으로 공격한 이른바 6일 전쟁(Six-Day War)이 발발했으며, 이스라엘은 가자지구(Gaza Strip), 시나이반도(Sinai Peninsula), 서안지역 그리고 골란고원(Golan Heights)을 점령했다. 1973년 이집트와 시리아는 빼앗긴 영토를 회복하기 위해 유대교의 성스러운 기간인 욤 키푸르(Yom Kippur) 기간에 전쟁을 일으켰으나, UN의 종전 결의로 2주 만에 별 소득 없이 전쟁을 끝내야 했다.

이후 중동의 화약고라고 불리던 이 지역에서도 평화를 위한 협상이 시작되어, 1979년 '이집트-이스라엘 평화협정(Egypt-Israel Peace Treaty)'이 맺어졌다. 그러나 이 협정이 이뤄진 후인 1982년에 이스라엘이 레바논을 침공해서 팔레스타인 해방기구(Palestine Liberation Organization: PLO)를 이 지역에서 몰아냈고, 1987년에는 가자지구와 서안지역에서 팔레스타인들의 봉기인 인티파다(Intifada)가 일어나 수백 명의 팔레스타인인이 목숨을 잃었다. 인티파다는 1993년 이스라엘

표 1-1. 이스라엘과 관련된 전쟁 및 평화협정

1948년	이스라엘, 공식적인 독립국가로 선언
	아랍-이스라엘 전쟁
1956년	수에즈 운하 통제권을 둘러싸고 이집트와 이스라엘 사이에 전쟁
1967년	6일 전쟁
1973년	욤 키푸르 전쟁
1979년	이집트-이스라엘 평화협정
1982년	이스라엘의 레바논 침공
1987년	가자지구와 서안지역에서 인티파다 발생
1993년	오슬로 평화협약과 팔레스타인 자치정부 수립
1994년	이스라엘-요르단 평화협정
2000년	제2차 인티파다 발생
2006년	이스라엘의 레바논 2차 침공(헤즈볼라와의 전쟁이 명분)
	하마스가 PLO를 대체해서 팔레스타인 자치정부로 집권
2020년	아랍에미리트, 바레인과 수교

과 PLO 사이의 '오슬로 평화협약(Oslo I Accord)' 체결로 종료되었는데, 이후 팔레스타인 자치정부(Palestinian National Authority)가 들어서서 서안지역 일부를 통치하게 되었다. 1994년에는 이스라엘과 요르단 사이에 평화협정이 체결되었고, 1997년에는 일부 서안지역에서 이스라엘 군대가 철수했다. 2000년에는 제2차 인티파다가 발생하였고, 이스라엘 정부는 가자지구의 군대와 정착민들을 2005년까지 철수하겠다고 발표하기에 이르렀다. 그러나 이스라엘은 2006년에 시아파 이슬람 무장단체(Shiite Islamic militant group)인 헤즈볼라(Hezbollah)와의 전쟁을 명분으로 레바논을 다시 침공했으며, 두 달 후에 UN의 중재로 종전했다. 한편, 수니파 이슬람 무장단체(Sunni Islamist militant group)인 하마스(Hamas)가 2006년에 PLO를 대체해서 서안지역과 가자지구에서 정권을 잡았고, 이후 이스라엘과 하마스 사이에 군사적 충돌이 간헐적으

로 계속 발생하고 있다. 2020년에는 이스라엘이 아랍에미리트(UAE) 그리고 바레인과 수교를 했다. 이는 걸프 지역 아랍국가들과의 첫 번째 관계 정상화였고, 이스라엘이 이집트와 요르단에 이어 각각 세 번째와 네 번째로 아랍국가와 맺은 평화협정이었다.

다음 절에서 논의하듯이, 아랍국가 및 팔레스타인과의 영토 분쟁은 국방비 지출 급증과 재정적자 확대로 이어졌고, 이는 이스라엘 경제의 장기 침체를 야기했다. 이후 아랍국가와의 평화협정 체결로 이스라엘은 국방비 지출을 줄이고 투자 활성화와 경제성장에 더 집중할 수 있었다.

2. 이스라엘 경제의 변천

1948년 건국 이후 1984년까지 이스라엘의 경제는 이스라엘식 사회주의 또는 사회민주주의 체제인 '마파이(Mapai) 체제'였다. 그러나 1985년에 이른바 경제안정화 프로그램(1985 Economic Stabilization Program)을 통해 자본주의와 시장경제체제로 급속한 전환이 이뤄졌다.[4] 이 절에서는 1985년 경제안정화 프로그램 전후로 이스라엘 경제가 어떻게 변화했는지 살펴본다.

4 https://www.haaretz.com/israel-news/business/.premium-july-1-1985-the-day-israeli-capitalism-was-born-1.5375114

1) 1985년 이전의 이스라엘 경제

1920년대 사회주의 시온주의자 운동(Labor Zionist movement)은 히스타드루트(Histadrut)라는 노동조합연맹을 설립했고, 1930년에는 '이스라엘 노동자당(Land of Israel Worker's Party)'이라는 의미를 지닌 마파이(Mapai)당을 만들었다. 이후 히스타드루트는 유대인 정착과 인프라 건설 과정에 절대적 영향력을 행사했고, 마파이당은 건국 이후 1968년까지 집권했다.[5] 1968년 마파이당은 다른 두 개의 좌파 정당[6]과 합당해서 이름을 노동당(Labor Party)으로 바꿨고, 사실상 1977년까지 집권을 이어 갔다. 따라서 건국 이후 30년 동안 이스라엘의 경제는 이스라엘식 사회주의 또는 사회민주주의 체제인 '마파이 체제'였다.

1977년에 들어선 우파 정권은 이스라엘 경제체제를 자유시장 경제로 전환하겠다고 선언했으나, 인플레이션에 제대로 대응하지 못했고 재정지출 감소와 민영화에도 소극적인 자세를 유지했다.[7] 결국 1984년 선거에서 좌파와 우파가 대연정 정부(national unity government)를 구성하게 되었고, 노동당 당수였던 페레스(Shimon Peres)가 대연정의 첫 2년 동안 총리를 맡았다. 그런데 아이러니하게도 노동당의 페레스가 이스라엘 경제체제를 근본적으로 바꾸는 대개혁에 착수했다.

사실상 1984년까지 지속된 '마파이 체제'는 정부가 시장을 통제하는 중앙집권화된 경제체제였다. 이 체제하에서 정부와 노동조합연맹

5 https://en.wikipedia.org/wiki/Mapai
6 Ahdut HaAvoda와 Rafi.
7 https://en.wikipedia.org/wiki/Menachem_Begin

(히스타드루트)은 이스라엘 제조업의 가장 중요한 소유주들이었다. 이들이 소유한 제조업체들은 1985년 제조업 생산량의 50%를 차지할 정도였다. 이뿐만 아니라, 이스라엘 정부는 특정 부문에 투자 보조금을 제공하고 노동소득에 높은 세율을 매기는 정책으로 생산요소의 배분에도 관여했다. 다른 한편으로는, 최저소득을 보장해 주고 주택·건강보험·사회서비스를 거의 공짜로 제공하는 사회보장제도도 운영하고 있었다.

초기 이스라엘 경제에서 농업은 특별한 지위를 가졌다. 농업은 회복한 땅(The land)과의 물리적 접촉을 강조하고 국경 획정을 중요시한 시온주의 운동의 최전선에 있었던 것이다. 최초의 키부츠(kibbutz)는 이스라엘 건국 약 40년 전에 이미 시온주의자들에 의해 건설되었다. 키부츠와 모샤브(moshav)[8]라는 농업공동체는 상부상조와 사회정의를 내세운 경제적·사회적 제도였다. 키부츠와 모샤브는 자산의 공동소유, 생산·소비·교육의 평등과 협력, '능력에 따라 생산하고 필요에 따라 소비하는(from each according to his ability, to each according to his needs)' 이상의 실현을 목표로 했다. 이스라엘 건국 이후 키부츠와 모샤브는 공공서비스, 특히 최전방에 위치함으로써 국방에 크게 기여하였다. 이런 이유로 1985년 이전의 농업은 이스라엘 정부에 의해 보호되고 법적으로 특별한 취급을 받았다.

8 키부츠는 이스라엘의 대표적인 농업공동체로, 공동생산·공동분배의 사회주의 이념을 배경으로 결성되었다고 알려져 있다. 반면, 모샤브는 키부츠의 자급자족적인 시스템 대신에 개인의 이윤추구를 인정하고 공동 마케팅을 펼치는 일종의 협동조합 성격의 농업공동체라는 차이가 있다(출처: 『두산백과』).

이런 '마파이 체제'하에서도 1967년 '6일 전쟁' 이전까지 이스라엘 GDP에서 정부지출이 차지하는 비중은 35% 정도 수준이었다. 그러나 정부지출 비중은 '6일 전쟁' 이후 국방비 지출의 급증으로 인해 가파르게 증가하기 시작했고, 1973년 욤 키푸르 전쟁 이후에는 더욱 빠르게 증가했다. 결국 1985년에는 이스라엘 일반정부 지출이 GDP의 77%를 차지하기에 이르렀다.

정부지출의 급속한 확대는 민간부문의 발전 여지를 더욱 축소시켰다. 정부지출의 급증은 조세 부담의 급증으로 이어졌고,[9] 이는 고용과 투자에 부정적인 영향을 미쳤다. 그러나 세금인상으로도 급격히 불어나는 재정지출을 충당할 수 없었다. 결국 정부의 재정적자가 급증했는데, 1974년부터 1985년 사이의 재정적자는 GDP의 14% 정도였다. 세금 부담과 재정적자의 급증은 높은 인플레이션, 경제 불확실성 증가, 높은 이자율로 이어졌고, 이는 다시 민간투자 부진과 성장률 저하로 이어졌다. 결국 정부가 자본시장에서 자금조달을 늘리면서 자본시장은 사실상 국유화되었고, 1983년에는 상위 다섯 개 은행 중에 네 개가 국유화되기에 이르렀다. 이러한 이유로 이스라엘에서는 욤 키푸르 전쟁 이후인 1974년부터 1984년까지 10년의 기간을 '잃어버린 10년(The Lost Decade)'이라고 부른다.

9 GDP에서 세금이 차지하는 비율은 1960년대 초 28%에서 1985년에는 44%로 급증했다.

2) 1985년 경제안정화 프로그램[10]

1985년 이스라엘은 국가부도 사태 발생 일보직전의 상황에 놓여 있었다. 인플레이션은 연간 400%를 초과했고, GDP 성장은 멈췄으며, 순국가채무는 GDP의 80% 수준에 육박했다. 이런 경제위기 상황을 타파하고자 이스라엘 정부는 1985년 7월 1일 '경제안정화 프로그램'을 시행했고, 1991년까지 지속된 대연정 정부는 이 정책을 일관되게 유지했다.

1985년 경제안정화 프로그램(1985 Economic Stabilization Program)은 세계적으로 보기 드문 성공 사례라는 평가를 받고 있는데, 크게 세 가지 내용으로 구성되었다. 첫째, 재정적자를 GDP 대비 7.5% 수준으로 감소시키고, 둘째, 이스라엘 세겔(Shekel)화의 가치를 20% 평가절하하였으며, 셋째, 세겔화로 표시된 임금, 가격, 명목 환율을 동결하되, 미리 설정된 정부의 인플레이션 목표에 따라 월별 인상률을 조절해 주었다. 재정적자 감소는 주로 기초 생필품에 대한 정부 보조금 삭감과 국방비 지출, 특히 국방 수입(defense imports)의 축소를 통해 이뤄졌다.

한편, 경제안정화 프로그램을 시행하면서, 이스라엘 중앙은행의 독립성과 재무부의 권한도 강화되었다. 먼저, 정부가 이스라엘 중앙은행으로부터 차입하는 것을 금지하는 입법이 이뤄졌다. 따라서 이스라엘 중앙은행은 정부로부터 독립성을 유지하면서 이스라엘 역사상 처음으로 이자율을 정책수단으로 사용할 수 있게 되었고, 이후 이자율

10 이 절의 내용은 A. Ben-Bassat (Ed.), *The Israeli Economy, 1985–1998* (Cambridge, Massachusetts: The MIT Press, 2002)을 주로 참고해 작성하였다.

정책은 중앙은행의 가장 강력한 정책수단으로서 효과적으로 사용되었다. 재무부도 1980년대의 대규모 재정적자나 채무 상태로 회귀하는 것을 막을 수 있는 권한을 부여받았다.

경제안정화 프로그램의 효과는 시행 1년 만에 뚜렷하게 나타나기 시작했다. 인플레이션은 최고 450%에서 20%로 줄어들었고, GDP의 15% 수준으로 치솟았던 재정적자는 거의 해소되었다. 키부츠와 모샤브가 경제에서 차지하는 비중이 낮아지고, 히스타드루트가 소유했던 기업들은 민영화되었다. 실업률은 우려와 달리 2%p만 증가했다. 경제안정화 프로그램을 시행한 이후 이스라엘 GDP는 연 4.5% 정도 성장했고, 인플레이션은 1998년에 한 자리 숫자로 떨어졌다. 같은 해에 국가채무도 GDP의 10.9% 수준으로 하락했다.

경제안정화 프로그램의 효과는 거시적 경제지표에만 그치는 것이 아니었다. 이 새로운 정책의 목표는 궁극적으로 민간부문에서 지속가능한 성장이 이뤄지도록 경제체제를 바꾸는 것이었다. 이에 따라 정부의 시장 개입은 눈에 띄게 감소했다. 인적자본 중심의 민간 하이-테크 산업은 지속적으로 성장한 반면, 군수산업과 그 밖의 전통적인 제조업은 퇴조했다. GDP에서 정부지출이 차지하는 비중은 1980~1984년 기간보다 1994~1998년 기간에 21%p 하락했고, 이와 반대로 기업부문의 비중은 1998년에 67%로 증가했다.

이스라엘 경제의 이런 변신에는 지정학적 요인도 매우 중요한 역할을 했다. 첫째, 1991년 (구)소련의 붕괴는 (구)소련 지역에 거주하던 많은 유대인이 이스라엘로 돌아오는 계기가 되었는데, 이들은 대체로 젊고 교육수준이 높은 고급인력이었다. 또한 이스라엘 기업들은 (구)소련의 붕괴로 동유럽 국가들과 새로이 교역을 할 수 있게 되어 수요

처가 확대되었다. 둘째, 중동국가들과 맺은 평화협정 역시 매우 중요한 지정학적 요소였다. 평화협정의 체결로 이스라엘에 대한 아랍의 보이콧(boycott)이 완화되었고, 안보 위험이 감소함에 따라 외국인 투자가 증가했다.

3) 이스라엘 하이-테크 산업의 출현[11]

경제안정화 프로그램을 시행한 이후 이스라엘 산업부문에서 일어난 가장 중요한 구조적 변화는 통신장비와 소프트웨어 분야를 필두로 하는 하이-테크(High-Tech) 산업의 출현과 성장이라고 할 수 있다. 이런 하이-테크 산업의 출현은, 기술적으로는 앞서 있었으나 상업적으로는 손실만 야기하던 방위산업 분야로부터 그와 유사한 기술을 활용하는 민간분야로 숙련된 노동인력이 이동했기에 가능했다. 경제안정화 프로그램으로 인해 이스라엘 방위산업에 대한 정부지출은 1982년 GDP의 9.1%에서 1987년 6.1%, 그리고 1998년에는 3.5%로 지속적으로 감소했다.

냉전이 끝나면서 전 세계적으로도 군사장비에 대한 수요가 감소했기 때문에, 정부 구매를 대체하기 위해 해외시장을 개척하려는 이스라엘 방위산업의 노력에도 한계가 있었다. 따라서 1985년 이후 일어난 국내 방위산업의 축소는 수만 명의 관련 종사자를 민간 하이-테크

11 이 절의 내용은 M. Justman, "Structural change and the emergence of Israel's high-tech sector," A. Ben-Bassat (Ed.), *The Israeli Economy, 1985–1998* (Cambridge, Massachusetts: The MIT Press, 2002), pp. 445-484를 주로 참고해 작성하였다.

산업으로 내몰았고, 이는 이스라엘 하이-테크 분야가 성장하는 계기가 되었다. 이에 더해서 (구)소련이 붕괴되며 국내로 대거 유입된 고급 인력들이 하이-테크 산업에 지속적으로 투입됨으로써 이스라엘의 하이-테크 산업은 실질 임금의 감소와 높은 이윤율을 유지할 수 있었다. 이는 하이-테크 산업에 대한 투자 증대로 이어졌고, 이스라엘 기업들과 주요 글로벌 기업들 사이의 파트너십 형성과 이스라엘 기업의 국제화로 이어졌다.

이스라엘 정부는 새로운 벤처기업들의 설립도 도왔다. 특히 산업통상부(Ministry of Industry and Trade) 내에 OCS(Office of the Chief Scientist)를 두고 기업들에 매칭 그랜트(matching grant)[12]를 제공했는데, 정부가 구체적인 목표 산업을 선정하지 않고 시장이 자율적으로 방향을 정하도록 내버려 두는 정책 중립성(neutrality)을 추구했다.

그러나 이런 하이-테크 산업의 발전은 이스라엘의 경제구조를 수출부문과 내수부문이 분절된 '이중경제(dual economy)'로 만들고 소득불평등 문제를 심화시키는 부작용도 낳았다. 오늘날 이스라엘의 주요 수출품으로 전자, 소프트웨어, 컴퓨터화 시스템(computerized systems), 통신기술, 의료 장비, 제약, 과일, 화학, 군사 기술, 다이아몬드 세공(cut diamond) 등을 들 수 있는데, 이들 중 대부분을 차지하는 하이-테크 산업은 매우 개방적이며 혁신적이라는 특징을 지니고 있다. 이 때문에 이스라엘은 이른바 '신생기업의 나라(start-up nation)'라고 불리기도 하는데, 미국 다음으로 세계에서 두 번째로 많은 신생기업을 보유하고

12 '매칭 그랜트'란 기업들이 기술개발에 투자하는 액수만큼 정부가 지원해 주는 제도이다.

있으며, 북미지역을 제외하고 나스닥에 상장된 기업이 가장 많은 국가가 되었다. 반면, 내수부문은 몇몇 대기업이 높은 점유율을 지닌 폐쇄적인 구조를 가지고 있으며, 내수부문과 수출부문의 생산성 격차가 상당히 크다는 평가를 받고 있는 실정이다.

3. 민영화 정책과 이스라엘 재벌의 출현[13]

건국 이후 1960년대까지 대부분의 이스라엘 기업은 정부, 유대인 에이전시(Jewish Agency) 또는 노동조합연맹인 히스타드루트에 의해 설립·지배되었다. 유대인 에이전시는 세계 시온주의자 연맹(World Zionist Federation)의 지부였는데, 이스라엘 건국 이후에는 유대인 이주민의 정착을 지원하는 데 자원을 주로 사용하면서 소유하고 있던 기업들의 지분이 점차 줄어들었고, 결국 이 기업들은 이스라엘 정부나 히스타드루트에 인수되었다. 이스라엘 정부는 1950년대 중반까지 천연광물자원, 수자원, 토지, 안보 서비스 등의 국유화를 통해 천연자원과 유틸리티 산업에 기업을 많이 설립했다. 그러나 1956~1957년 사이에는 정부 정책이 바뀌어 투자회사를 설립하는 방식으로 제조업 공장 건설이나 석유 거래를 도왔다. 히스타드루트는 1960년대 중반에 2천여 개의 사업체를 소유하고 있었는데, 이들은 전체 이스라엘 고용의 8.4%를 차

13 이 절의 내용은 K. Kosenko, “Evolution of business groups in Israel: Their impact at the level of the firm and the economy,” *Israel Economic Review* (2007), pp. 55-93을 주로 참고해 작성하였다.

지하였다.

당시 이와 같은 공공소유 기업 외에, 아홉 개의 민간 기업집단도 존재했는데, 이들은 주로 중소기업들을 한 개 또는 여러 개의 가문이 파트너십을 형성해 소유한 것이었다. 1960년대 말 군수산업의 확장으로 민간 기업집단도 급속히 성장했으나, 1980년 중반에 이르러 이들 기업집단은 대부분 도산하거나 다른 소유주에게 양도되었다. 이는 1985년 시행된 경제안정화 프로그램에 따라 방위비 삭감이 이뤄지고 냉전 종식으로 인해 세계 무기 시장이 축소되자 방위산업 관련 기업들의 수익성이 악화되었기 때문이다.

이스라엘 정부는 산업구조를 경쟁적인 구조로 전환하기 위해 경제안정화 프로그램의 일환으로 민영화 정책을 채택했다. 그 결과 정부가 민간사업 부문에서 보유한 지분은 1985년 27%에서 1995년 6%로 떨어졌고, 대부분의 정부 소유 기업은 민영화 과정을 통해 민간에게 이양되었다. 이스라엘의 광물 대부분을 소유하던 이스라엘 케미컬스(Israel Chemicals)는 아이젠버그(Eisenberg) 가문에게 팔렸고, 정부가 소유했던 부동산 1위 기업도 세 곳으로 쪼개어 매각되었다. 이런 민영화는 기업집단의 소유권 변화와 지분 변화를 동반했다.

민영화와 동시에 히스타드루트가 소유했던 대부분의 기업도 민간에 매각되었다. 이로 인해 히스타드루트가 국내순생산에서 차지하던 비중은 1953년 18%에서 1960년대와 1970년대에는 23%대로 증가했으나, 1990년대 초에는 14%, 2000년대 초에는 2~3%로 급격히 줄어들었다.

1983년 발생한 은행업 위기로 상위 네 개 은행을 포함해 대부분이 국유화되었는데, 국유은행들도 민간에 다시 매각되었다. 예를 들어,

하포알림(Hapoalim) 은행은 아리손과 댕크너 가문(Arisson and Dankner families)에 매각되었고, 미즈라히(Mizrahi) 은행은 오페르와 모지 베르다임 가문(Ofer and Mozi Wertheim families)에 넘어갔다. 그 외에 큰 비은행 기업집단들도 새롭게 등장한 유력 가문들이 인수했다. IDB그룹은 댕크너 가문이, 이스라엘 코퍼레이션(Israel Corporation)은 오페르 가문이, 쿠르(Koor)는 브론프만(Charles Bronfman)이 지배하는 클래리지(Claridge)그룹이, FIBI는 리버만 가문(Liberman family)과 비노(Tsadik Bino)가 각각 인수했다. 이 외에도, 젤킨트(Zelkind) 가문이 소유하는 엘코(Elco)그룹은 세켐(Shekem)과 엘렉트라(Electra)라는 기업을 인수했고, 피시만(Fishman)그룹, 비란(Biran) 가문, 레바이에프(Levaiev) 가문 등이 기업들을 인수하면서 덩치를 키웠다. 이 당시 새로 등장한 지배주주 가문은 과거부터 부유한 가문이었거나 외국에서 성공한 유대인인 경우가 대부분이었다.

이런 민영화 과정을 거치면서 소수의 가문이 대다수의 이스라엘 기업을 지배하는 경제력집중의 문제가 발생했다. 특히 은행을 포함한 금융 부문과 비금융 부문 사이에 회사 이사 겸직이나 출자 관계를 통한 인적·소유지배적 네트워크가 형성되었다. 그러나 독점적인 시장에 대한 구조적 개혁은 여전히 미흡했다. 독점적 시장구조는 은행과 인프라 산업에서 특히 심했다. 은행 산업은 이스라엘에서 가장 중요한 산업 중 하나이면서 가장 과점적인 산업이었다. 전체 이스라엘 은행 산업 자산의 약 2/3가 하포알림(Hapoalim)과 레우미(Leumi)라는 두 개의 은행에 집중돼 있었고, 약 80%가 이 둘을 포함한 상위 세 개 은행에 몰려 있었다. 더욱이 이스라엘에서 은행은 은행업 외에도 연금 관리 같은 자본시장 활동에도 깊숙이 개입하고 있었는데, 유니버설 뱅킹

(universal banking)[14]이 허용되는 유럽의 은행들보다 연금 시장에서 훨씬 더 높은 점유율을 지니고 있었다. 이에 더해 하포알림과 레우미라는 상위 두 개 은행은 비은행 기업들도 상당수 지배하고 있었다. 이런 맥락에서 비은행 기업에 대한 은행의 지배는 이른바 내부시장(captive market)을 형성해 경쟁을 약화시키고 진입장벽을 쌓을 수 있으며, 연금펀드의 부재는 금융시장과 자본시장의 경쟁을 약화시킨다는 우려가 제기되었다.

그럼에도 은행의 비은행 업무 관련 사업을 매각하도록 하는 정책의 시행은 지연되었다. 이스라엘 정부는 2005년에 이르러서야 마침내 은행들이 4년 또는 8년 안에 자금관리회사(money management firms)를 매각하도록 명령했는데, 실제로 1년 반 만에 모두 매각이 이뤄졌다. 그러나 이러한 조치만으로는 이미 민영화 과정에서 발생한 경제력집중과 금산복합 기업집단의 문제를 해결하기에 역부족이었다.

이스라엘에서는 특정 가문 또는 개인에 의해 지배되는 대규모 기업집단을 일컫는 이름이 따로 존재하지 않는다. 그러나 이런 이스라엘 기업집단은 특정 자연인이나 가문에 의해 지배되는 거대 기업집단이라는 의미에서 한국의 재벌과 사실상 동일하다. 따라서 이 같은 이스라엘 기업집단을 '이스라엘 재벌'이라고 부를 수 있을 것이다.

14 '금융겸업'이라고도 하는데, 은행과 비은행 금융업을 동시에 영위하는 경우를 말한다.

제2장

2013년
이스라엘 반경제력집중법
제정 배경과 과정

이스라엘 의회(Knesett)는 2013년 12월에 반경제력집중법(Law for Promotion of Competition and Reduction of Concentration, 5774-2013, 줄여서 통상 Concentration Law 또는 Anti-Concentration Law라고 부름)을 반대표 없이 연정을 구성한 42명의 여당 의원과 30명의 야당 의원의 찬성으로 통과시켰다. 일국의 경제구조를 근본적으로 바꾸는 법안이 이처럼 사실상 만장일치로 입법화된 것은 매우 드문 경우라고 할 수 있다.

이 장에서는 2013년 이스라엘 반경제력집중법 제정의 배경과 과정을 살펴봄으로써, 어떻게 이런 입법이 정치적으로 가능했었는지를 논의한다.

1. 반경제력집중법 제정 배경

제1장에서 살펴보았듯이 이스라엘에서는 1985년 이후 20여 년간 추진된 민영화의 결과로 거대한 금산복합 재벌이 등장하면서 경제 전반에 경제력집중(economy-wide concentration) 문제가 부각되었고, 2010년 전후로 이에 대한 논의가 학계, 언론, 정부 차원에서 본격화되었다.

2007~2008년 세계 금융위기 이후 『더마커(*The Marker*)』라는 이스라엘의 경제신문[1]은 소수에게 경제력이 집중되는 현상에 주목하면

서, 다각화된 거대한 기업집단(conglomerate)을 지배하는 기업인들을 '타이쿤(tycoons)'이라고 부르기 시작했다.[2] 이 시기에 히브리 대학교에서 야페(Yishay Yafeh) 교수와 캔덜(Eugene Kandel) 교수의 지도하에 박사학위논문을 작성하고 있던 코센코(Konstantin Kosenko)가 2007년 학위논문의 일부인 「이스라엘 기업집단의 진화: 기업집단이 기업과 경제에 미치는 영향(Evolution of Business Groups in Israel: Their Impact at the Level of the Firm and the Economy)」을 발표하였는데, 이 논문의 일부는 2010년 초에 발간된 이스라엘 중앙은행(Bank of Israel)의 2009년도 연차보고서에 반영되었다. 『더마커』는 이 보고서가 제시한 경제력집중의 증거와 해결책을 인용하면서, 몇몇 타이쿤이 지배하는 기업집단에 의한 경제력집중, 산업 독점, 은행업의 복점, 대기업과 언론의 유착, 친시장(pro-market)과 친기업(pro-business) 경제정책의 차이 등에 관한 수백 편의 분석기사와 칼럼, 취재기사를 쏟아 내는 대대적인 캠페인을 전개해 나갔다.[3]

이 당시에 이스라엘에서 세간의 이목이 집중된 (경제력집중) 문제는 주로 댕크너(Dankner) 가족들과 연관되어 있었다.[4] 노치 댕크너(Nochi Dankner)는 이스라엘 최대 기업집단인 IDB그룹의 총수였고,

1 『더마커』는 1999년 롤닉(Guy Rolnik)에 의해 창간된 경제신문이다. 창간 5년 후에는 이스라엘 최대일간지 중 하나인 『하레츠(*Haaretz*)』가 경제면을 없애고 『더마커』를 경제자매지로 재발간하였다(https://en.wikipedia.org/wiki/TheMarker).

2 https://en.wikipedia.org/wiki/Israel%27s_Anti-Concentration_Law

3 위키피디아(https://en.wikipedia.org/wiki/Israel%27s_Anti-Concentration_Law)와 캔덜, 코센코 등과의 서면 및 대면 인터뷰 내용을 반영하였다.

4 이하 세 문단의 내용은 위키피디아(https://en.wikipedia.org/wiki/Israel%27s_Anti-Concentration_Law)에서 주로 발췌하였다.

그의 협력자이자 사촌인 대니 댕크너(Danny Dankner)는 이스라엘 최대 은행인 하포알림 은행(Bank Hapoalim)의 이사회 의장이었다. IDB 그룹은 이동통신사(Cellcom), 건설사(PBC), 슈퍼마켓(Shufersal), 시멘트회사(Nesher), 여행업(IDB Tourism), 신문사(Maariv), 의료기기, 화학 등 여러 사업 분야에 계열사들을 거느리고 있었을 뿐 아니라, 이스라엘 최대 보험회사인 크랄(Clal)까지 보유하고 있었다. '이스라엘 소금 산업(Israel Salt Industries)'이라는 소금회사를 운영하면서 이스라엘 재계에서 오랫동안 중심적인 역할을 해 왔던 댕크너 가문은 1997년 테드 아리슨(Ted Arison)을 중심으로 하는 하포알림 은행의 지배권(controlling stake)을 매입한 투자가 그룹의 일원이 되었으며, 은행 인수 이후에는 노치 댕크너와 대니 댕크너 모두 하포알림 은행의 이사가 되었다. 이후 IDB그룹을 인수한 노치 댕크너는 은행의 이사를 사임했으나, 대니 댕크너는 여전히 이 은행의 이사로 남았고 이후에 이사회 부의장을 거쳐 의장에 취임했다. 따라서 대니 댕크너가 하포알림 은행의 이사회 의장을 사임한 2009년 6월 전까지 두 사촌이 이스라엘 최대 은행인 하포알림 은행과 이스라엘 최대 보험회사인 크랄의 경영을 책임지고 있었던 것이다.

2009년 4월에 『더마커』의 자매지이자 이스라엘 주요 일간지 중 하나인 『하레츠(*Haaretz*)』는 당시 이스라엘 중앙은행 총재(governor)였던 스탠리 피셔(Stanley Fischer)가 하포알림 은행의 총수(controlling shareholder)였던 샤리 아리손(Shari Arison)을 만나 대니 댕크너가 여러 차례의 사업 실패로 신뢰를 잃었음을 지적하면서 그를 이사회 의장에서 해임할 것을 요구했으나, 샤리 아리손이 이를 거절했다고 보도했다. 이 보도 이후 『더마커』 역시 지면을 통해 대니 댕크너의 사임을 요구했고, 결국 대니 댕크너는 여론에 밀려 2009년 6월 사임했다. 이후 대니 댕크너는 예루살렘 부동산 프로젝트였던 '홀리랜드 케이스(Holyland Case)'와 관련해 뇌물수수·자금세탁·탈세 등의 혐의로 2010년 4월 체포되었고, 법원에서 유죄 판결을 받아 이스라엘 전 총리였던 올메르트(Ehud Olmert)와 함께 수감되었다. 2013년 10월 대니 댕크너는 은행 지배구조 방해 혐의로 추가 기소되기도 하였다.

대니 댕크너가 사임한 직후인 2009년 6월, 이스라엘 중앙은행 총재였던 피셔는 『더마커』와 인터뷰를 했다. "왜 대니 댕크너의 사임을 요구했는가?"라는 기자의 질문에 「기업 거버넌스, 경제적 참호 그리고 성장」이라는 논문[5]에 나오는 다음 문단을 읽어 주었다고 한다.

> 전 세계적으로 대기업에는 통상적으로 지배주주들이 있는데, 이들은 대부분 매우 부유한 가문들이다. 미국과 영국을 제외한 대부분의 나라에서 피라미드형 지배구조, 상호출자 그리고 차등의결권 등은 일반적이다. 이런 수단들을 이용해 특정 가문은 그에 상응하는 자본 투자 없이 기업들을 지배할 수 있다. 많은 나라에서 이러한 가문들이 국가 경제의 상당 부분을 지배하고 있다. 이 경우 세 가지 문제점이 발생한다. 먼저, 기업 차원에서 이런 소유지배구조는 실질적으로 적은 자본을 가진 가문에 압도적인 지배권을 부여함으로써 대리인 문제와 참호화(entrenchment) 문제를 동시에 야기한다. 이에 더해 지배주주는 피라미드형 기업집단 내에서의 거래를 이용하여 기업의 자원을 사적 이익을

5 R. Morck, D. Wolfenzon, and B. Yeung, "Corporate governance, economic entrenchment, and growth," *Journal of Economic Literature,* vol. 43, no. 3 (2005), pp. 655-720.

위해 편취할 수 있다.[6] 결국 자원이 비효율적으로 활용된다. 경제 전반의 차원에서는 기업 자산에 대한 소수 가문의 통제가 광범위하게 이뤄지면, 자본 배분에 왜곡이 발생하고 혁신의 속도를 떨어뜨리게 된다. 결과적으로 경제 전반에 걸쳐 자원 배분이 잘못 이뤄지고 경제성장은 지체된다. 둘째(마지막으로), 정치적 영향력은 무엇을 소유하고 있느냐보다 무엇을 통제하고 있느냐와 관계가 있기 마련이다. 피라미드형 기업집단의 지배주주들은 그들의 실제 부보다 훨씬 더 큰 정치적 영향력을 가지게 된다. 그들은 재산권의 보호와 집행 같은 공공정책과 자본시장 제도 등의 발전에 영향을 미칠 수 있다.

Around the world, large corporations usually have controlling owners, who are usually very wealthy families. Outside the U.S. and the U.K., pyramidal control structures, cross shareholding and super voting rights are common. Using these devices, a family can control corporations without making a commensurate capital investment. In many countries, such families end up controlling considerable proportions of their countries' economies. Three points emerge. First, at the firm level, these ownership structures vest dominant control rights with families who often have little real capital invested—creating agency and entrenchment problem simultaneously. In addition, controlling shareholders can divert corporate resources for private benefits using transactions within the pyramidal group. The result is a poor utilization of resources. At the economy level, extensive control of corporate assets by a few families distorts capital allocation and reduces the rate of innovation. The result is an economy-wide misallocation of resources, and slower economic growth. Second,

6 이런 현상을 터널링(tunneling)이라고 부른다.

> political influence is plausibly related to what one controls, rather than what one owns. The controlling owners of pyramids thus have greatly amplified political influence relative to their actual wealth. They appear to influence the development of both public policy, such as property rights protection and enforcement, and institutions like capital markets.

이즈음에 이스라엘 정부도 경제력집중에 관한 우려를 심각하게 받아들이기 시작했다.[7] 2010년 6월에 총리실의 사무차관(director general)[8]인 가바이(Eyal Gabai)와 국가경제자문회의(National Economic Council) 의장인 캔덜(Eugene Kandel)은 네타냐후(Benjamin Netanyahu) 총리와의 실무회의 자리에서 경제력집중 문제를 제기했다. 회의에서 이들은 재무부장관과 중앙은행 총재가 유관 기관들을 모두 아우르는 위원회를 설치하여 이스라엘 기업구조를 연구할 것을 제안하였다. 결국 2010년 10월에 '경쟁력강화위원회(The Committee on Increasing Competitiveness in the Economy)'가 구성되었다.

이 당시 이스라엘 정부가 가지고 있었던 우려는 경쟁력강화위원회의 최종보고서에 다음과 같은 요지로 담겨 있다. 이스라엘 정부는 우선 시장의 경쟁과 효율성 그리고 개인투자자의 보호와 금융시장의 안전성(robustness)을 보장할 수 있는 규제제도의 정비가 필요하다고 보았는데, 무엇보다도 기업집단이 금융회사와 비금융회사를 동시에

7 이 문단의 내용은 캔덜과의 서면 인터뷰 내용 중 일부이다.

8 사무차관은 주로 내각제나 이원집정부제 국가에 존재하는 공직이다. 특정 부처에서 의원이 맡는 정무직 장관이나 차관 바로 아래의 일반직 공무원으로 해당 부처의 최선임이다.

보유함으로써 발생하는 이해상충이 궁극적으로 국가 경제의 경쟁력을 떨어뜨릴 가능성을 크게 우려하였다. 예를 들어, 산업자본이 소유한 은행을 통해 경쟁 사업자 또는 잠재적 경쟁 사업자에게 불리한 여신 조건을 제시함으로써 경쟁을 약화시킬 수 있다는 것이다. 나아가 피라미드형 구조의 기업집단이 몰락한다면 시스템 리스크를 야기할 수 있다는 점과, 시장 진입 및 금융의 제약으로 경쟁이 제한되고 다면적 시장에서 담합이 발생할 가능성도 제기하였다. 또한 경영능력이 검증되지 않은 2세로의 경영권 승계 문제와 내부거래를 통한 이스라엘 재벌 총수일가의 터널링[9] 역시 중대한 문제로 떠올랐다.[10] 나아가 이스라엘 정부와 많은 지식인은 경제력집중으로 이스라엘 재벌이 정치와 언론에 미치는 영향력을 과도하게 증가시켜 결국 국가적·사회적 의사결정이 재벌 총수의 이해관계에 따라 왜곡될 가능성이 있음을 심각하게 우려하기 시작하였다.

경제력집중에 대한 이스라엘 정부의 이 같은 우려는 20세기 초 미국에서 이른바 '금권신탁(money trust)'[11]에 대한 '진보적 운동(Progressive Movement)'의 비판과 맥을 같이한다.[12] 먼저, 진보적 운동

9 터널링은 지배주주가 의결권(voting right)과 이익청구권(cash flow right)의 차이를 이용해 자신의 이익청구권이 낮은 계열사로부터 이익청구권이 높은 계열사로 부(富)를 이전함으로써 자신의 이익을 극대화하는 행위이다.

10 이러한 이스라엘의 우려는 Bebchuk(2012a, b, c)에 잘 정리되어 있다.

11 금권신탁은 위탁자들이 수탁자에게 자신들이 위탁한 자산의 투자 결정을 일임하고 투자 수익만을 받는 계약으로 조성되는 펀드이다.

12 진보적 운동의 금권신탁에 대한 비판은 M. Becht and J. B. DeLong, "Why has there been so little block holding in America?" Randall K. Morck (Ed.), *A History of Corporate Governance Around the World* (Chicago: University of Chicago Press, 2005), pp. 613-666을 참고하라.

은 경제력집중(existence of economic power)을 '개인의 경제적 미래가 특정한 문지기에게 얼마나 잘 보이느냐에 달려 있는 상황(a situation in which someone's economic future depended on their pleasing on particular gatekeeper)'이라고 정의했는데, 이는 특정인의 이해관계가 사회적·정치적 의사결정을 좌지우지하게 되는 폐해를 우려하는 것이다. 둘째로 진보적 운동은 금권신탁의 이해상충(conflict of interest)과 불법행위(malfeasance)로 인한 공정한 거래의 침해를 우려했다. 실제로 2010년 6월 특별호(special edition)에서 『더마커』는 이스라엘 정치인과 규제당국, 시민단체에 '브랜다이스주의적(Brandeisian)' 접근을 취할 것을 요구하기도 하였다. 20세기 초 미국의 대법원 판사였던 브랜다이스(Louis Brandeis)는 경제 권력과 정치 권력이 소수에 집중되는 문제를 막기 위해 '경제력의 집중을 규제(fighting bigness)'하는 것에 반독점규제가 초점을 맞춰야 한다는 주장을 한 것으로 유명하다.

2. 경제력집중에 대한 증거

앞서 언급했듯이, 코센코의 2007년 논문은 이스라엘에서 경제력집중의 심각성을 실증적으로 보여 준 최초의 연구였다. 코센코는 1995년부터 2006년 사이 텔아비브 증권거래소(Tel Aviv Stock Exchange)에 상장된 650개의 기업 패널자료를 이용해 기업집단 소속 기업들을 식별했는데, 대부분의 대기업이 기업집단에 소속되어 있음을 확인할 수 있었다. 더욱이 상위 20개 기업집단은 이스라엘 시가총액의 30% 정도를 차지하고 있었는데, 이는 선진국 가운데 최고로 높은 수준의 집중도였

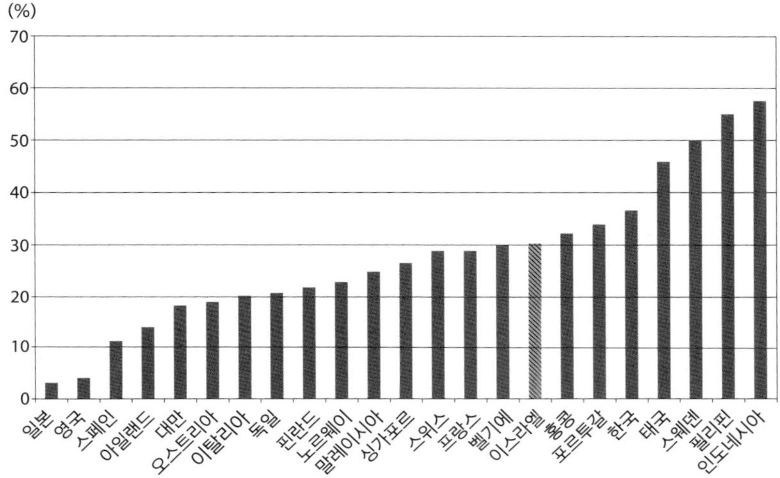

그림 2-1. 상위 20대 재벌의 시가총액 점유율

출처: K. Kosenko, "Evolution of business groups in Israel: Their impact at the level of the firm and the economy," *Israel Economic Review* (2007), 55-93, Figure 2.

고 개도국과 유사한 수준이었다(〈그림 2-1〉 참고). 참고로, 한국은 이스라엘보다도 그 집중도가 더 높음을 알 수 있다.

이 당시에 이스라엘 재벌들은 피라미드 출자구조로 총수(타이쿤) 일가에 의해 지배되고 있었으며(〈그림 2-2〉 참고), 여러 분야에 다각화되어 있고 금융회사와 비금융회사를 동시에 지배하고 있는 경우가 대다수였다(〈그림 2-3〉 참고). 예를 들어, 이스라엘 1위 재벌이었던 IDB 그룹은 이동통신사(셀콤), 건설사, 슈퍼마켓(수퍼살), 시멘트회사(네세), 보험회사(크랄), 여행업, 신문사(마리브), 의료기기, 화학 등 여러 분야에 계열사들을 거느리고 있었다. 〈그림 2-3〉에서 볼 수 있듯이, 이스라엘 재벌은 비재벌 상장기업들에 비해 금융업에 훨씬 많이 진출해 있

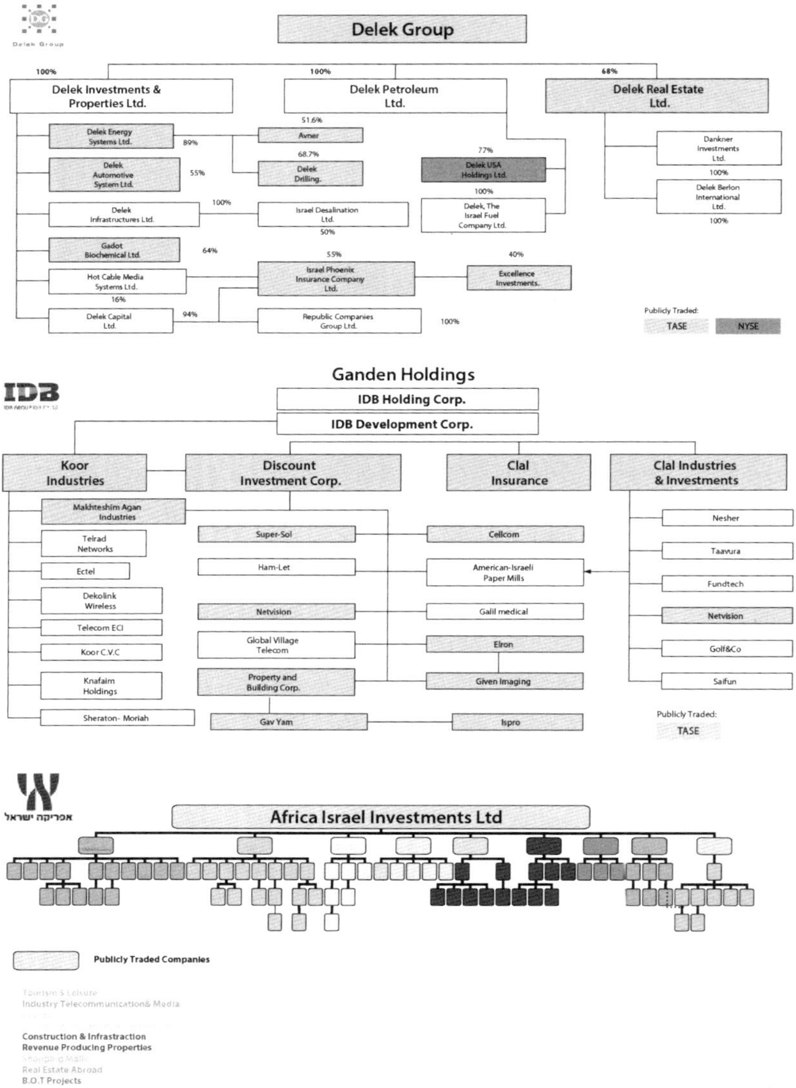

그림 2-2. 이스라엘 재벌의 피라미드 구조

출처: K. Kosenko, “Evolution of business groups in Israel: Their impact at the level of the firm and the economy,” *Israel Economic Review* (2007), 55-93, Figure 3.

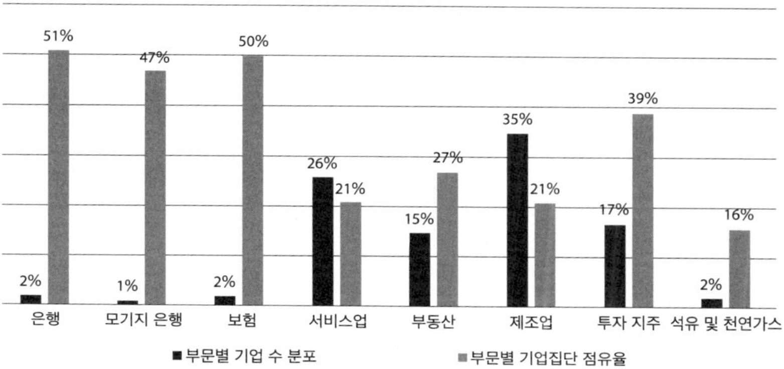

그림 2-3. 이스라엘 재벌의 문어발식 확장

출처: K. Kosenko, "Evolution of business groups in Israel: Their impact at the level of the firm and the economy," *Israel Economic Review* (2007), 55-93, Figure 4.

고 금융부문에서 시장지배적 지위를 누리고 있었는데, 은행과 보험업 회사의 절반이 기업집단 소속이었다. 또한 대기업집단 소속 기업들이 은행대출을 가장 많이 받으면서도, 동시에 비은행 차입에서도 약 50%를 차지했다. 따라서 이스라엘의 재벌개혁 논의에서 가장 중요한 이슈로 부각된 것이 바로 금산분리의 문제였다.

2000년대 들어 첫 10년간 특히 상위 10대 기업집단은 차입이나 계열사를 이용해 기존에 주력했던 업종과 관련성이 낮은 분야의 기업들을 인수하면서 덩치를 키웠다. 또한 많은 이스라엘 재벌이 신문사와 텔레비전 방송국에 투자함으로써 여론 형성에 개입하려는 행태를 보였다.

이스라엘 중앙은행이 작성한 2009년 연차보고서는 이스라엘 기업집단들이 시스템 리스크(systemic risk)를 일으킬 가능성이 있다고 지적하였다. 즉, 기업집단의 크기와 (소유지배구조의) 복잡성을 감안할 때, 지배력이 집중된 정도, 소유지배구조, 금융과 산업 부문의 상호의존성(sectoral interrelations) 등의 관점에서 기업집단의 도산이 경제 전반에 유출 효과(spillover effect)를 유발할 가능성이 있다고 평가한 것이다. 그러나 기업집단의 행위에 관한 정보를 분석하기가 쉽지 않기 때문에 이러한 위험이 경제 전반의 안전성에 미치는 영향을 가늠하기 어렵다고 보았다.

그런데 기업집단에 소속된 기업들의 성과가 독립 기업들(stand-alone firms)의 성과보다 좋은 것도 아니었다. 기업집단 소속 기업들의 성장률, 이윤율, R&D 투자율 등은 독립 기업들보다 상대적으로 낮았던 반면 부채비율(leverage)은 더 높았다.

이스라엘 재벌들의 높은 자본 대비 부채비율은 2007~2008년 금융위기 시에 약점으로 노출되기도 했다. 재벌 총수의 이른바 '매직 터치(magic touch)'는 미국이나 유럽에 이들 기업집단이 투자해 놓은 금융 및 부동산 투자 가치가 급격히 하락하는 것을 막지 못했다. 최대 재벌이었던 IDB 그룹은 위기에 처하자 정부로부터 구제 금융을 받기 위한 로비를 벌였으나 성공하지 못했다. 이런 상황 전개는 기업집단 소속 기업들이 발행한 주식 또는 채권에 투자한 연금이나 저축의 건전성에 대한 우려를 키웠고, 식료품이나 이동전화 서비스와 같은 생필품의 높은 물가와 경제력집중 사이의 상관성에 대한 합리적인 의심을 불러왔다.

3. 반경제력집중법 제정 과정

금산복합 재벌의 등장과 경제력집중에 대한 우려가 커지자 2010년 10월 이스라엘 정부는 경쟁력강화위원회를 구성하여 본격적인 재벌개혁에 나섰다. 경쟁력강화위원회 위원들은 총리, 재무부장관, 이스라엘 중앙은행 총재가 임명했는데, 초기에 임명된 위원 중 상당수는 이해상충의 문제로 교체되거나 위원직을 사임했다.[13] 경쟁력강화위원회의 중간보고서와 최종보고서에 실린 경쟁력강화위원회 위원은 재무부 사무차관이었던 위원장 샤니(Chaim Shani)를 포함해 총 10명이었다. 이들의 이름과 직책은 〈표 2-1〉과 같다.[14]

경쟁력강화위원회의 구체적 활동은 금산분리(the review of real and financial holdings), 소유지배구조(the review of control using a pyramid holding structure), 국공유자산 할당 조건(the review of the conditions for the allotment of public assets) 등을 다루는 세 개의 소위원회를 통해 이뤄졌다. 위원들은 자신의 소속기관에서 파견된 3~4명으로 구성된 실무팀의 보좌를 받았으며, 위원들의 권한 위임은 금지되었다.

애당초 경쟁력강화위원회는 이듬해인 2011년 3월까지 보고서를 제출할 계획이었다. 그러나 몇 차례 제출 일자가 연기된 끝에 2011년 9월에

13 In the meantime, many of its original members left, three of which for high-paid positions in the private sector: Rony Hizkiyahu and Udi Nissan left for the Yitzhak Tshuva group and Zohar Goshen started consulting Nochi Dankner(https://en.wikipedia.org/wiki/Israel%27s_Anti-Concentration_Law). 경쟁력강화위원회에 전문위원으로 참여했던 코셴코와의 대면 인터뷰에서 확인한 내용이다.

14 The Committee on Increasing Competitiveness in the Economy, Interim report, 2011.

표 2-1. 이스라엘 경쟁력강화위원회 위원 이름 및 직책

이름	직책
Chaim Shani	Director General of the Ministry of Finance
Eugene Kandel	Head of the National Economic Council in the Office of the Prime Minister
Shmuel Hauser	Chairman of the Israel Securities Authority
Karnit Flug	Assistant Governor of the Bank of Israel
David Zaken	Supervisor of Banks
Gal Hershkovitz	Budget Director
Oded Sarig	Commissioner of Capital Markets, Insurance and Savings
Avi Licht	Deputy Attorney General
David Gilo	Antitrust Commissioner
Gitit Gur-Gershgoren	Economics Department Director in the Israel Securities Authority

중간보고서(interim report)를 제출했고, 이에 대해 이해당사자들과 전문가들의 의견을 청취하는 공청회를 개최한 후 2012년 3월에 최종보고서(final report)를 제출하였다.

한편, 경쟁력강화위원회의 주도로 개혁 방안에 대한 준비가 진행되는 와중에, 2011년 7월부터 약 두 달간 이스라엘 건국 이래 최대 규모의 시위가 발생하였다. 대학생들을 중심으로 일어난 '텐트 시위(Tent Protests)'는 페이스북(Facebook)을 통해 급속히 확산되어, 2011년 9월 3일에는 약 50만 명이 이스라엘 전역의 많은 도시에서 가두시위를 펼치기도 하였다. 시위참가자들은 "사회 정의를 요구한다(The people demands social justice)"라는 구호를 외쳤는데, 특히 코티지 치즈 같은 기초 식료품의 가격과 임대료의 급등, 불평등 심화, 경제력집중 등에 대해 항의하였다.

이 같은 시위에 대응하여 네타냐휴 정부는 2011년 8월에 '경제와 사회 변화를 위한 위원회(Committee for Economic and Social Change)'를 구성하고, 경제학자인 트래텐버그(Manuel Trajtenberg) 교수를 위원장으로 임명했다. 이후 '트래텐버그 위원회(the Trajtenberg Committee)'로 이름이 바뀐 이 위원회는[15] 약 한 달 동안 활동하면서 2011년 9월 중순에 보고서를 정부에 제출하였다.[16] 이 보고서는 이스라엘 경제의 많은 시장과 인프라(infrastructure)에서 상당한 수준의 (경제력)집중(considerable concentration)이 존재하고, 이런 집중은 새로운 국내 기업과 수입을 가로막는 진입장벽을 만들어 시장의 확대와 혁신을 어렵게 만들면서 그 실체를 드러내고 있다는 내용을 담고 있었다. 이 트래텐버그 위원회 보고서는 경쟁력강화위원회의 활동을 더욱 촉진하는 압력으로 작용했다.

이런 개혁 움직임에 대해, 이스라엘 재벌들의 반격이 없었던 것은 아니다. 이스라엘의 주요 신문들 중에서 『더마커』만이 유일하게 경제력집중의 폐해를 비판하고 개혁을 요구하는 캠페인을 전개했으며, 다른 신문들은 개혁 요구를 무시하거나 반대하는 입장을 취했다. 『더마커』-『하레츠』를 제외한 주요 신문들은 지배주주가 존재했는데, 지배주주의 이해상충은 해당 신문으로 하여금 개혁에 소극적이거나 반대하는 입장을 취하게 만드는 중요한 요인으로 작용하였다.[17]

재벌개혁에 반대하는 캠페인(counter-campaign)은 『예디오스 아로

15 https://en.wikipedia.org/wiki/Trajtenberg_Committee

16 The committee was ordered to investigate: 1. Proposals to change priorities in order to lighten the load of Israeli citizens. 2. Implementation of a new taxation system. 3. Providing access to social services. 4. Increasing competition in the Israeli economy. 5. Actual measures need to be taken to reduce housing prices.

17 이는 인터뷰에 응했던 모든 전문가의 공통된 의견이었다.

노스(*Yedioth Ahronoth*)』와 『글로브(*Globes*)』가 주도했다.[18] 40여 년간 이스라엘에서 가장 많이 구독된 영향력 높은 신문이었던 『예디오스 아로노스』의 지배주주는 모제스(Arnon (Noni) Mozes)였고, 『글로브』는 1999년부터 2016년까지 피시만(Eliezer Fishman)이라는 타이쿤이 지배하고 있었다. 그런데 피시만은 동시에 『예디오스 아로노스』의 2대 주주이기도 했다. 2016년 후반기에 피시만의 사업들이 파산한 이후 피시만과 은행들이 법원에 제출했던 문건에 따르면, 파산하기 10년 전부터 피시만의 은행 부채는 자산보다 훨씬 컸고 피시만은 부채 상환에 어려움을 겪고 있었다. 이스라엘 텔레비전 탐사 프로그램인 〈우브다(Uvda)〉는 『글로브』의 편집라인(editorial line)이 은행산업 개혁과 이스라엘 재계 거물들의 영향력을 억제하는 개혁들을 좌초시키려 했다는 기자들의 증언을 보도하기도 했다.

IDB그룹은 2011년 3월에 경쟁력강화위원회에 의견서를 제출했는데, 이 문건에서 IDB그룹은 (1) 경제력집중과 경쟁력 사이에는 아무런 관계가 없으며, (2) 이스라엘의 경제력집중 정도는 다른 나라들에 비해서 평균 정도이고, (3) 이스라엘의 경제력집중은 점차 감소하고 있으며, (4) 경제력집중 문제는 다른 나라의 어떤 규제기관에서도 고려하고 있지 않다고 주장했다. 아울러 IDB그룹은 OECD 사무총장(secretary general)이었던 구리아(José Ángel Gurría)가 "지난 30년간 이스라엘의 경쟁력이 개선된 것은 논란의 여지가 없다"고 2010년에 이야기한 것과 이스라엘 전 대원법장인 바락(Aharon Barak)이 상대적으로

18 이하 네 문단의 내용은 위키피디아(https://en.wikipedia.org/wiki/Israel%27s_Anti-Concentration_Law)에서 주로 발췌하였다.

작은 규모의 이스라엘 경제가 다른 나라들에 비해 높은 집중도를 보이는 것은 정당화된다고 1998년에 서술했던 것을 인용하기도 했다.

그러나 재벌개혁에 관한 논쟁 와중에 이스라엘 최대 재벌이었던 IDB가 붕괴하자, 재벌체계로 인한 시스템 리스크에 대한 관심과 우려가 커졌다. IDB는 라스베이거스 플라자와 크레딧 스위스에 대한 막대한 투자 손실, 이동통신 산업의 규제 개혁에 따른 계열사 셀콤의 영업이익 급감, 신문사 인수로 인한 손실 증대 등으로 몰락하였으며, 창업자이자 그룹 총수였던 노치 댕크너는 파산하고 경영권을 상실했다. 설상가상으로 2012년 11월 노치 댕크너는 IDB지주회사(IDB Holdings)가 그해 2월에 주식을 발행할 때 주가를 고의적으로 올린 혐의로[19] 체포되었다.[20]

노치 댕크너가 기소된 후 독립적인 언론감시 저널리스트를 자처하는 하셔비이트(HaAyin HaShevi'it)는 자신을 포함한 대부분의 이스라엘 언론도 함께 기소되었어야 한다고 고백했다. 소수의 기자들과 『더 마커』라는 신문을 제외하고 거의 모든 이스라엘 언론이 능동적 또는 수동적으로 (노치 댕크너의) 공범이었다고 자책한 것이었다.

이런 사회적 분위기 속에 2013년 1월에 치러진 이스라엘 총선에서는 건국 이래 처음으로 경제 이슈가 가장 중요한 선거 쟁점이 되었는데, 총선 결과 재벌개혁에 대한 국민적 총의가 확인되었다. 그 결과

19 https://www.reuters.com/article/uk-israel-dankner-court/israeli-business-mogul-dankner-found-guilty-of-securities-fraud-idUKKCN0ZK1AL

20 2016년 7월 노치 댕크너는 유죄 평결을 받았으며 12월 5일에는 2년 징역형을 선고받았다. 2018년 8월 이스라엘 대법원은 노치 댕크너의 항고를 기각하고 형량을 오히려 징역 3년으로 늘렸다.

표 2-2. 반경제력집중법 제정 과정

시점	사건
2008년 2월	이스라엘 중앙은행, 코센코 박사의 연구 논문 발간
2008년 4월	『더마커』, 대대적인 반경제력집중 캠페인 시작
2009년 6월	대니 댕크너, 하포알림 은행 이사회 의장에서 사임
2010년 3월	이스라엘 중앙은행, 2009년도 연차보고서 발간
2010년 10월	이스라엘 정부, 경쟁력강화위원회 구성
2011년 3월	IDB그룹, 경쟁력강화위원회에 반대의견 문건 제출
2011년 7월	이스라엘 건국 이래 최대 규모의 시위 발생
2011년 9월	트래텐버그 위원회 보고서 제출 경쟁력강화위원회 중간보고서 제출
2012년 3월	경쟁력강화위원회 최종보고서 제출
2012년 11월	노치 댕크너, IDB지주회사 주식 발행과 관련된 혐의로 체포
2013년 1월	이스라엘 총선
2013년 12월	반경제력집중법 제정

2013년 12월 9일, 이스라엘 의회는 기권 한 표를 제외하고 만장일치로 반경제력집중법을 통과시켰다.

그런데 반경제력집중법의 입법에 『더마커』와 『더마커』의 편집인이었던 롤닉이 얼마나 기여했는지에 대한 평가는 다소 엇갈리는 것 같다. 경쟁력강화위원회에 참여했던 정부 측 인사나 학계 인사 중 일부는 『더마커』가 반경제력집중법의 입법에 구체적으로 기여한 바가 없고 오히려 일을 더 복잡하게 만들어 위원회 활동에 방해가 되기도 했다는 견해를 드러냈다. 그러나 이런 의견을 표시한 사람들을 포함해 대다수는 『더마커』의 캠페인이 이스라엘 의회가 반경제력집중법을 반대표 없이 신속하게 처리하는 데 결정적인 역할을 했다는 점을 인정하고 있다. 재벌개혁의 필요성을 지속적으로 환기시켜 재벌개혁에 대한 국민적 관심을 끌어올린 『더마커』는 경쟁력강화위원회가 정부 안팎의 개혁 무산 시도에 흔들릴 가능성을 막아 주는 역할을 했다고 평가하는 것이 정당해 보인다. 이스라엘의 네아만 재단(Samuel Neaman Institute)은 2014년 『더마커』의 편집인 롤닉에게 규제 포획과 경제력집중의 관계를 연구할 연구비를 수여했고, 롤닉은 2014~2015년에 하버드 대학교에서 펠로우(fellow)로서 관련 연구를 수행하기도 하였다.

제3장

반경제력집중법의 주요 내용

반경제력집중법이 제정되기 전 이스라엘 정부는 경쟁력강화위원회를 설치해 중간보고서와 최종보고서를 제출하도록 하였다. 이 보고서들을 바탕으로 2013년에 반경제력집중법이 제정되었는데, 각 단계에서 주요 내용이 어떻게 바뀌었는지 살펴보는 것은 경제력집중을 해소하기 위해 당시 정책참여자들이 기울였던 고민을 이스라엘의 경제구조라는 맥락에서 이해하는 데 도움이 된다.

1. 경쟁력강화위원회 보고서의 주요 내용

경쟁력강화위원회는 2011년 9월에 중간보고서를 제출했다. 그리고 중간보고서에 대한 이해당사자와 전문가들의 의견을 청취하는 공청회를 개최하고 외부전문가들의 서면 권고도 접수하였다. 위원회는 이를 바탕으로 중간보고서의 일부 내용을 수정해 2012년 3월 최종보고서를 제출하였다. 그런데 최종보고서 내용 중 일부는 입법 과정에서 다시 변경되었다.

경쟁력강화위원회의 구체적 활동은 금산분리, 지배구조, 국공유자산 할당 조건 등을 다루는 세 개의 소위원회를 통해 이뤄졌고, 따라서 보고서에 담긴 위원회의 권고도 이 세 가지 분야로 구분되어 있다.

경쟁력강화위원회 보고서의 주요 내용을 세 분야로 나누어 좀 더 구체적으로 살펴보면 다음과 같다.

1) 금산분리 규제

먼저, 캔덜 교수가 위원장을 맡은 금산분리 소위원회는 '주요 실물회사(significant real entity)'와 '주요 금융회사(significant financial entity)'를 동시에 지배하지 못하도록 금지하는 것을 의미하는 '금산분리'라는 구조적 방안을 제시했다. 주요 금융회사와 주요 실물회사를 동시에 지배하는 금산복합 재벌은 경쟁을 제한할 뿐만 아니라 실물회사와 금융회사 간의 이해상충 때문에 경제 전반에 걸쳐 자원 배분의 비효율성을 초래할 수 있고, 아무리 종합적이고 선진적인 행위 규제를 적용하더라도 시스템 리스크를 야기할 수 있다고 판단했기 때문이다.

중간보고서는 '주요 금융회사'를 (시장 총 금융자산의 약 2.5%인) 500억 세겔[1]을 초과하는 자산을 관리하는 기관으로 정의하고, '주요 실물회사'는 (시장 총 매출액의 약 0.5%인) 80억 세겔 이상의 매출을 올리거나 200억 세겔을 초과한 자산 또는 부채를 보유하며 보유 자산의 5% 이상이 이스라엘 국내에 있는 실물기업으로 정의했다. 또한 중간보고서는 주요 금융회사와 주요 실물회사에 이사를 겸직하는 것을 제한하고, 은행과 다른 금융기관을 동시에 지배하는 것을 제한하는 권고도 담았다. 또한 이런 권고를 (입법 후) 4년 내에 실행할 것을 주문했다.

1 1세겔은 343원 정도이다.

한편, 중간보고서는 주요 실물회사가 지배하고 있던 금융기관이 합병이나 기업인수가 아니라 시장에서 일어난 경쟁의 결과로 주요 금융회사의 기준을 충족하게 될 때는 자산이 750억 세겔이 넘지 않으면 주요 금융회사 규제를 적용하지 않고, 주요 금융회사가 지배하고 있던 실물기업이 합병이나 기업인수가 아닌 시장에서의 경쟁을 통해 주요 실물회사의 기준을 충족하게 될 때는 매출액이 120억 세겔 또는 자산(또는 부채)이 300억 세겔이 넘지 않으면 주요 실물회사 규제를 적용하지 않을 것을 권고했다.

그런데 주요 금융회사와 주요 실물회사의 구조적 분리라는 금산분리의 큰 틀은 최종보고서나 반경제력집중법에서도 유지되나, 주요 금융회사와 주요 실물회사의 인정 기준은 더 강화되는 방향으로 변경되었다. 최종보고서는 주요 금융회사의 기준을 금융자산 (500억 세겔에서) 400억 세겔로, 주요 실물회사의 기준은 매출액 (80억 세겔에서) 60억 세겔 또는 국내 채무(local credit) (200억 세겔에서) 60억 세겔로 강화하였다. 또한 주요 실물회사의 기준 중 총자산 기준은 더 이상 사용하지 않기로 했으며, 은행과 비은행 금융기관에 똑같은 주요 금융회사 기준을 적용하기로 했다. 그리고 최종보고서는 새로운 규제의 이행 기간을 중간보고서와 마찬가지로 4년으로 하되, 분리되어야 하는 주요 금융회사와 주요 실물회사가 아닌 경우 이들 회사에 이사 겸직을 금지하는 것은 2년 이내에 실행하도록 변경하였다.

한편, 위원회는 최종보고서에서 주요 실물회사를 규제하는 주요 목적이 시장 경쟁을 촉진하는 것이라는 점을 강조하면서, 주요 금융회사를 지배하는 (일반) 실물회사가 향후 합병이나 기업인수가 아닌 시장 경쟁의 결과로 주요 실물회사 조건을 충족하거나 주요 금융회사가 지배하는 (일반) 실물회사가 합병이나 기업인수가 아닌 시장 경쟁의 결과로 주요 실물회사 조건을 충족하는 경우에는, 이 회사의 매출액이 75억 세겔 또는 국내 채무가 75억 세겔이 넘지 않으면 주요 실물회사 규제를 적용하지 않을 것을 권고했다. 한편, 주요 실물회사가 지배하고 있던 금융기관이 합병이나 기업인수가 아닌 시장에서 경쟁의 결과로 주요 금융회사의 기준을 충족하게 될 때는 자산이 600억 세겔이 넘지 않으면 주요 금융회사 규제를 적용하지 않도록 기준을 강화했다.

경쟁력강화위원회는 이런 기준의 변경이 중간보고서에서 확인된 주요 금융회사나 주요 실물회사의 숫자나 적용 범위에 영향을 미치지는 않으나, 향후 실물회사의 주요 금융회사 지배에는 상당한 제약을 가함으로써 이해상충 문제가 발생할 개연성을 상당히 줄일 것으로 기대했다.

한편, 최종보고서는 위원 다수의 의견이 금산분리 규제가 지분 보유 자체를 금지하는 것은 아님을 밝혔다. 다만, 주요 실물회사나 그 지배주주가 주요 금융회사의 지분을 초과해서 보유할 수 없는 수준을 규제기관이 설정해야 하는데, 그 최대치가 발행주식 총수의 10%가 넘어서는 안 되고 지배주주가 없는 주요 금융회사의 경우에는 최대치가 5%를 초과해서는 안 된다고 권고했다.

2) 지배구조 규제

두 번째는 지배구조에 관한 권고인데, 이 부분은 위원회의 중간보고서와 최종보고서 그리고 입법과정을 거치면서 내용이 가장 많이 변경되었다. 지배구조는 기업집단의 소유지배구조와, 이 소유지배구조하에서 이루어지는 기업 거버넌스에 관한 규범을 통칭한다고 이해할 수 있다. 총수가 있는 기업집단에서 총수일가의 지분(소유권)과 의결권의 괴리로 인해 발생하는 도덕적 해이 문제를 어떻게 해소하느냐가 지배구조 규제의 핵심 내용인데, 이는 결국 소유지배구조에 대한 구조적 제약과 기업 거버넌스 규제로 짜인 스펙트럼 안에서 어떤 지점을 선택하는 것이 바람직할 것인가라는 정책 문제로 요약할 수 있다.

경쟁력강화위원회의 중간보고서는 재벌들이 현 상태의 소유지배구조를 거의 유지할 수 있도록 구조적 제약을 약하게 가하되, 총수일가의 도덕적 해이 문제를 해결하기 위해 강력한 기업 거버넌스 규제를 제안한 것으로 이해할 수 있다. 반면, 최종보고서와 반경제력집중법은 지배구조 문제의 해법으로 소유지배구조를 단순화시키는 구조적 제약을 더 중요시하였는데, 단순한 소유지배구조하에서는 총수일가의 지분(소유권)과 의결권의 괴리로 인해 발생하는 도덕적 해이 문제 우려가 덜 심각할 것이기 때문에 기업 거버넌스 규제는 그만큼 약화되었다.

총수가 있는 기업집단에서 총수일가의 배당청구권과 의결권의 괴리로 인해 발생하는 대표적인 도덕적 해이 문제로 '터널링'을 꼽을 수 있다. 터널링이란 총수일가가 사익을 위해 의결권을 이용하여 자신들의 배당청구권이 낮은 계열사로부터 높은 계열사로 자원을 이동시키는 행위를 일컫는 것으로, 그 결과 소수주주에게 피해를 주고, 자원 배분의 효율성을 저해하며, 불필요하게 과도한 위험과 레버리지를 기업들이 지게 만들고 총수일가의 지배권을 공고화(entrenchment)하는 문제를 야기한다. 거시적 측면에서는 경제에서 차지하는 기업집단의 비중이 커질수록 시스템 리스크의 가능성이 높아진다. 또한 계열사 간 내부거래나 기업집단 간의 고착화된 사업관계가 시장의 경쟁과 경제의 역동성을 저해할 수 있다.

경쟁력강화위원회의 지배구조 소위원회는 하우저(Shmuel Hauser) 교수가 위원장을 맡았는데, 중간보고서의 지배구조에 대한 권고는 하버드 대학교 법학전문대학원 벱축(Bebchuk) 교수의 주장이 대부분 반영된 것이었다.[2] 중간보고서의 주요 내용은 이른바 '쐐기기업(wedge company)'을 정의한 다음 소유지배구조 측면에서 새로운 쐐기기업이 만들어지는 것을 더 이상 허용하지 않고 현 상태의 구조를 유지하도록 하되 그 대신 강력한 기업 거버넌스 규제를 두자는 것이었다. 이 강력한 기업 거버넌스 규제의 핵심은 지배주주가 실질적으로 행사하는 의결권을 제외한 나머지 주주들의 과반수 찬성을 획득해야 하는 이른바 '소수주주동의제(Majority of Minority rule, 이하 MoM)'이다.

중간보고서는 쐐기기업을 (1) (증권법에 정의된) 지배주주가 있고, (2) 지배주주의 지분이 50%를 초과하지 않고, (3) (다른 상장계열사 지분을 포함해) 지배주주의 의결권이 지배주주의 지분을 초과하거나 법에 정한 특정 경우 등의 세 가지 조건을 모두 충족하는 상장기업[3]으로 정의한다. 이와 같은 정의에 따르면, 이스라엘 재벌에 소속된 상장기업 대부분이 쐐기기업에 해당하게 되는데, 쐐기기업에 해당하면 다음과 같은 기업 거버넌스 규제를 받게 된다. 쐐기기업은 이사회의 1/3 이상이 지배주주와 무관한 외부이사(outside director)로 구성되어야 하며, 이런 외부이사는 주총에서 MoM으로 승인받아야 한다. 또한 쐐기기업

2 야페(Yefeh) 교수 등이 인터뷰에서 확인한 내용이다.

3 이스라엘에서 상장기업은 유가증권시장에서 주식 또는 디벤처(debenture)를 발행한 회사를 의미한다. 디벤처는 주식시장에서 발행되는 장기 보유 채권으로, 주식과 유사한 이스라엘 특유의 유가증권이다.

의 자회사 이사 임명은 감사위원회(Audit Committee)의 승인을 받아야 하며, 나아가 중간보고서는 쐐기기업 임원의 보수도 주총에서 MoM으로 승인(approval by an untained majority)받도록 했다. 그리고 공개입찰과 같은 경쟁적 과정 없이 지배주주와 관련된 내부거래(transactions with interested parties)가 발생하는 경우에는 이른바 '경쟁 방식을 채택하거나 내부거래를 공시하는(adopt or disclose)' 원칙에 따라 공시하고, 내부거래는 감사위원회의 허락과 감독을 받아야 한다고 권고했다.

이 외에도 중간보고서는 소수주주의 권리를 강화하기 위해서 주요 사업의 취득, 다른 상장기업의 지배권 취득, 자본이나 채권을 상당한 수준으로 증가시키는 경우 등에도 주총에서 MoM 승인을 받아야 하며, 전자투표가 허용되어야 한다고 권고했다. 또한 이스라엘 증권위원회(Israel Securities Authority)에 집단소송과 주주대표소송에 대한 금전적 지원을 확대하는 것과, 기관투자자들이 주총 전에 상호 입장을 조율하는 것을 허용하도록 권고했다. 나아가 기관투자자들이 특정 기업에 투자 결정을 할 때 기업 거버넌스의 질을 필수적으로 고려하도록 하고, 상장기업의 주총에서 기관투자자의 투표를 의무적으로 공개해야 하는 범위를 확대하도록 권고했다.

이에 반해 기업집단의 소유지배구조에 대한 구조적 규제는 새로운 쐐기기업을 허용하지 않는 방안에 집중했다. 예를 들어, 상장기업을 인수할 때 이 피인수기업이 쐐기기업이 되지 않도록, 인수기업은 기업지배력 확보를 위해 필요한 핵심 지분(control core)에 지불하는 가격과 동일한 수준으로 피인수기업의 모든 나머지 주식을 사도록 강제하며, 또 피인수기업의 지배주주는 이 기업의 소수주주들이 제안된 가격을 받아들이면 반드시 피인수 제안을 받아들여야 한다고 권고했다.

이와 더불어 위원회는 쐐기기업에서 지배주주가 자신이 보유한 지분율 이상의 의결권을 행사하지 못하도록 하는 방안에 대해 외부 전문가와 일반 공중의 의견을 청취할 것도 제언했다.

위원회는 기업 거버넌스와 기업집단 소유지배구조에 대한 미시적 차원의 제언에 더해 거시적 차원에서 시스템 리스크를 줄이고 시장 경쟁을 촉진하기 위한 방안도 다수 제시했다. 특히 이스라엘 중앙은행이 시스템 리스크를 감독하고 관리할 책임을 지도록 하고, 경쟁당국에 경제력집중을 해소하기 위한 구조적 조치(structural remedies)를 취할 수 있는 권한을 주도록 정부에 권고했다.

그러나 중간보고서가 나온 후 이에 대한 공청회나 이해당사자 및 외부전문가들의 의견이 담긴 서면의견서 등에서는 이 같은 쐐기기업에 대한 기업 거버넌스 규제가 기관투자자들이나 기업 모두에 너무 많은 부담을 지우고 있다는 부정적 평가가 지배적이었고, 이런 규제가 실제로 실행 가능할 것인지에 대한 회의감이 확산되었다.[4] 결국 최종보고서에서는 새로이 형성되는 기업집단에 대해서는 상장기업 2층 피라미드 출자구조만 허용하고, 기존 기업집단은 상장기업 3층까지 허용하는 대신에 손자회사 이사회의 과반을 독립적인 사외이사로 구성하도록 권고하는 등 소유지배구조에 대한 규제를 보다 강화하면서 기업 거버넌스 규제는 완화하는 방안을 제시했다. 또한 이런 맥락에서, 최종보고서는 쐐기기업을 지정하는 기준 중 지배주주의 지분율 기준을 50% 이하에서 33% 이하로 완화했다. 한편, 기존 기업집단은 4년 안에

4 최종보고서와 야페(Yefeh) 교수 등이 인터뷰에서 확인한 내용이다.

상장기업 3층의 출자구조로 전환해야 하고, 이에 따른 전환 비용을 경감할 수 있는 세제 혜택을 주도록 권고했다.

이와 같은 출자단계에 대한 규제는, 총수일가의 이해상충에서 발생하는 미시적 문제를 해소할 뿐만 아니라, 경제력집중에 따른 거시적 문제점도 완화할 수 있다. 추가적으로, 시스템 리스크와 관련해 최종보고서는 재무부의 자본시장국(Capital Market Division at the Ministry of Finance)이 단일 신용제공자(single issuer)와 수신자집단(group of borrowers)에 대한 대출 규제를 강화하는 방안을 지지했다. 단일 신용제공자란 은행 융자에 대한 규제를 비은행금융기관에도 동일하게 적용하는 것을 의미하며, 수신자집단이란 개별기업이 아닌 기업집단을 단위로 여신을 규제한다는 것이다. 위원회는 또한 금융규제기관들이 함께 정기적으로 스트레스 테스트(stress tests)[5]를 받아 다양한 시스템 리스크에 대처해야 한다고 권고했다.

3) 국공유자산 할당 조건

마지막으로, 국공유자산 할당 조건을 다룬 소위원회는 길로(David Gilo) 교수가 이끌었다. 이 소위원회는 필수 인프라(essential infrastructures) 설비를 민영화하는 과정에서 이러한 자산이 소수의 수중에 들어가 관련 시장의 경쟁을 제한하거나 경제력집중을 야기하는 것을 방지하는 방안을 제시하고자 했다.

5 스트레스 테스트는 위기 상황에서 발생할 수 있는 손익, 자본비용, 현금흐름, 유동성 등을 정량적으로 측정해 리스크를 분석하는 것을 의미한다.

중간보고서는 1억 5천만 세겔을 초과하는 국가 권리(state rights)나 필수 인프라를 할당하거나, 가격은 1억 5천만 세겔 이하이지만 공공의 이익이 경제적 가치에 제대로 반영되지 못하는 성질의 국가 권리나 필수 인프라를 할당할 때 국가 권리의 경우 경쟁당국으로부터, 필수 인프라의 경우 자문위원회(Advisory Committee)로부터 사전에 의무적으로 자문을 받도록 권고했다. 또한 중간보고서는 자문위원회의 자문은 필수 인프라의 할당에 따른 경제력집중 문제에 관한 것이어야 한다고 규정했고, 필수 인프라의 예시로 수도, 에너지, 통신, 수송, 건강, 천연자원 등을 들었다.

최종보고서는 국공유자산이나 권한을 할당하는 과정이 길어지거나 비효율적으로 진행되는 것을 방지하고자 중간보고서의 관련 내용을 더욱 구체화했다. 우선, 경제력집중과 관련해 특별히 고려할 대상으로 '주요 실물회사' 기준을 준용했다. 구체적으로 살펴보면, 경제력집중에 대한 평가 대상으로 필수 인프라를 구매하는 기업집단이 관련 필수 설비의 50% 이상을 지배하고 있거나 매출액이 60억 세겔 이상인 경우로 특정했다. 또한 자문위원회나 경쟁당국의 자문도 사전에 정해진 시간 계획 내에서 이뤄지도록 했으며, 경쟁당국의 자문은 경쟁에 미치는 영향을, 그리고 자문위원회의 자문은 경제력집중을 반드시 고려하도록 명시했다. 그리고 자문위원회는 재무부의 사무차관이 위원장을 맡고 경쟁당국의 수장과 법무부장관이 지정하는 법무부의 대표, 총리실의 국가경제자문회의 의장이 참여하며, 경쟁당국이 자문위원회를 보좌하기 위한 정보를 수집할 권한을 가지도록 권고했다.

2. 반경제력집중법의 주요 내용

2013년 12월 11일에 공표된 반경제력집중법은 다섯 개의 장(chapter)으로 구성되어 있는데, A장과 E장은 용어의 정의와 일반적 사항들(general instructions)을 다루고 있으며, B장부터 D장까지는 경쟁력강화위원회의 세 소위원회가 보고서를 통해 권고했던 내용에 상응하는 세 개 규제 분야의 주요 본문을 담고 있다.[6] 반경제력집중법은 소유지배구조 측면에서 최종보고서보다 더 강화된 규제를 담고 있으며, 국공유자산과 핵심 인프라의 할당에 관한 내용을 더 구체화하고 강화시켰다. 이하에서는 경쟁력강화위원회의 권고와 비교해 가며 반경제력집중법의 주요 내용을 자세히 논의하기로 한다.[7]

1) 금산분리 규제

금산분리 규제는 반경제력집중법 D장에 담겼다. 동법은 먼저 '주요 금융회사'와 '주요 실물회사'의 정의를 보다 분명하게 규정하고 있으며, 이들에 관한 추가적인 설정 기준도 제시한다. 금융기관은 연금관리 회사, 뮤추얼펀드(mutual fund) 회사, 보험회사, 투자(자문)회사, 은행 등

6 반경제력집중법 영문본은 서울대학교출판문화원 홈페이지 ▶ 고객센터 ▶ 기타 자료실(https://www.snupress.com/service/download)에서 내려받을 수 있다.

7 이 절의 논의는 Herzog Fox and Neeman Law Office, Concentration Law Client Update(2014)와 이스라엘 경쟁당국에서 제공한 반경제력집중법 영문본을 바탕으로 한다. 이 영문 법령 내용에 대한 정확도는 전 법무부차관인 리흐트(Avi Licht) 등의 전문가에게 확인을 받았다.

을 포함하며, '주요 금융회사'는 해당 회사의 자산과 그 회사를 지배하는 자의 자산(assets including assets controlled by it and assets of the party controlling it)이 (최종보고서에서처럼) 400억 세겔을 초과하는 금융기관으로 정의하고, 어음교환소(clearing house)도 주요 금융회사에 추가했다. 실물회사는 비금융기관을 의미하는데, '주요 실물회사'는 해당 회사를 지배하는 자와 그 회사가 지배하거나 공동으로 지배하는 실물회사의 매출액을 포함한(including the sales turnover of the party controlling it and of all the real entities that it controls or that are under common control) 총매출액이 (최종보고서처럼) 60억 세겔이 넘거나 해당 회사를 지배하는 자와 그 회사가 지배하거나 공동으로 지배하는 실물회사의 총대출(부채)액이 (최종보고서처럼) 60억 세겔이 넘는 실물회사로 정의한다. 한 개 이상의 독점시장에서 기업집단 전체의 매출이 20억 세겔 이상인 실물회사도 주요 실물회사에 포함시켰다.

동법은 금산분리 규제가 지분 보유 자체를 금지하는 것은 아니라는 경쟁력강화위원회의 다수 의견을 받아들여, 주요 실물회사나 이 주요 실물회사를 지배하는 주주 또는 회사가 주요 금융회사의 지분(means of control)을 10% 초과해서 보유할 수 없고, 지배주주가 없는 주요 금융회사의 경우에는 5%를 초과해서 보유할 수 없다고 규정한다. 이에 더해, 주요 실물회사의 지분을 5% 이상 보유하는 자는 주요 금융회사를 지배할 수 없다고 규정하고 있다. 그런데 주목할 점은 금융기관의 주요 실물회사 지분 보유는 그 반대의 경우보다 더 엄격하게 규제하고 있다는 것이다. 금융기관은 주요 실물회사의 지분을 10% 이상 보유할 수 없도록 했는데, 금융기관 중 은행이나 어음교환소는 주요 실물회사나 주요 금융회사인 보험회사의 지분을 1% 이상 보유할 수 없도록 규정했다. 그러나 은행이나 어음교환소는 단 한 개의 주요 실물회사나 주요 금융회사인 보험회사의 지분만 보유할 경우에는 10% 이하로 지분을 보유할 수 있다. 한편, 주요 금융회사인 은행이나 어음교환소를 지배하는 자는 주요 금융회사인 보험회사를 동시에 지배할 수 없고, 연기금(provident fund)이나 보험회사를 지배하는 자는 관련 규제에 의해 예외적으로 인정되는 경우를 제외하고는 또 다른 연기금이나 다른 보험회사를 지배할 수 없다.

동법에 따르면, 이해상충을 방지하기 위해 주요 실물회사를 지배하는 총수와 그의 친족 또는 파트너, 임원 등은 주요 금융회사의 이사로 임명될 수 없고, 보험회사와 연기금 같은 금융기관은 관련 규제기관의 허락 없이 이사의 임면에 관한 투표 합의(voting agreement)를 할 수 없다. 이와 유사하게 지배주주가 없는 주요 금융회사의 이사 후보 제안에도 추가적인 제약을 두었다.

그리고 동법은 이 같은 금산분리 규제 및 금융기관 업종별 규제를 적용하는 유예기간을 다음과 같이 규정한다. 먼저, 동법 시행 이전에 이미 주요 금융회사를 지배하고 있는 주요 실물회사는 법 공표일로부터 6년 안에 규정을 준수해야 한다. 그러나 시장 경쟁의 결과가 아니라 합병, 기업인수, 사업인수 등을 통해 새로이 주요 실물회사가 된 경우에는 이행 기간이 4년으로 단축된다. 연기금이나 보험회사를 지배하는 자가 또 다른 연기금이나 다른 보험회사를 지배할 수 없다는 규정은 법 공포 후 9개월 후부터 효력이 발생하고, 이의 해소는 발효시점으로부터 15개월 이내에 이뤄져야 한다. 한편, 이사 겸직에 대한 이행기간은 주요 실물회사와 주요 금융회사 여부에 따라 4년 또는 2년으로 최종보고서와 동일하다.

2) 지배구조 규제

지배구조 규제에 관한 내용은 반경제력집중법 C장에 담겼다. 동법은 모든 기업집단이 4년 안에 상장회사 3층 피라미드 구조를, 그리고 6년 안에 상장회사 2층 피라미드 구조를 갖추도록 규제함으로써 소유지배구조 규제를 경쟁력강화위원회의 최종보고서보다 더욱 강화하였다. 최종보고서는 3층 피라미드 구조를 허용할 경우 손자회사 이사의 과반을 독립적인 사외이사로 구성하도록 하였는데, 이에 대해 기관투자자들은 자신들이 감당할 수 없는 역할이라고 부정적인 반응을 보였고, 기업들도 기관투자자의 배후에 대한 불안감 때문에 부정적인 견해를 피력했었다. 결국 동법은 상장회사가 2층 피라미드 구조만 가질 수 있도록 기업집단에 대한 구조적 규제를 강화함으로써, 3층 피라미드 구조를 허용할 경우 손자회사에 추가하려던 기업 거버넌스와 관련된 행위 규제의 필요성을 제거하였다. 즉, 반경제력집중법은 손자회사에 대한 추가적인 기업 거버넌스 규제가 야기하는 기관투자자의 부담과 피규제 기업이 제기한 이해상충 가능성에 대한 해법으로, 보다 단순한 구조적 규제와 최소한의 행위 규제를 선택한 것이다.

또한 동법은 이행 기간 내에 법에서 명시한 규정들을 충족하지 못할 경우, 법원(district court)이 관재인(trustee)을 임명해 관재인이 해당 기업의 주식을 매각하도록 하였다. 관재인을 임명할 수 없을 때는 법원이 해당 지분을 휴면상태로 두도록 명하고, 이 경우 해당 지분은 주총에서 의결권을 행사할 수 없도록 규정하였다. 아울러 동법은 지배주주가 동법의 기준을 충족하기 위해 소수주주의 지분을 매입하거나 장기 보유 채권인 디벤처[8]를 상환할 때 따라야 할 규칙도 구체적으로 명시하고 있다.

3) 국공유자산 할당 조건

국공유자산의 권리 할당 조건에 대한 내용은 반경제력집중법 B장에 담겨 있다. 그런데 할당(allocation)과 권리(rights)에 대한 정의는 동법 A장에서 명확히 규정하고 있다. 할당은 (1) '라이선스(license)'의 교부(grant) 또는 허가(approval), (2) '계약(contract)'에 관여(engagement) 또는 계약 허가(grant of approval), (3) '주요 지분(significant holding)' 또는 허가의 이전 등을 의미하고, 권리는 '라이선스(license)', '계약(contract)', '주요 지분(significant holding)'을 의미한다. 동법 B장은 이런 권리를 할당할 때 경제력집중을 어떻게 고려해야 할 것인가를 규정하고 있다.

동법 B장은 경제력집중을 고려할 대상과 산업을 구체적으로 명시하고 있다. 우선, 경제력집중 평가 대상을 '경제력집중 우려기관(concentrated entities)'으로 명명하면서, 주요 금융회사, 주요 실물회사 외에도 방송법에서 정의하는 방송사[9]와 인쇄매체(written press)[10] 그리고 이들을 지배하는 자(예를 들어, 지배주주 또는 그룹으로 지배하는 주주들)를 명시하고 있다. 동법 B장 4-(6) 섹션은 인쇄매체로 전국 거의 모든 지역에 배포되는 일간지(a daily newspaper distributed in most

8 이 장의 각주 3을 참고하라.

9 방송법에 정의된 독립적 뉴스 프로듀서도 포함된다.

10 written press의 정의는 캔덜(Kandel) 교수와의 인터뷰 내용에 근거하였다. 신문·방송·포털과 같은 미디어 기업들이 포함된 이유는 경제력집중의 폐해 중 하나가 언론의 독립성을 침해하는 것임을 인지한 결과였다.

parts of the country)와 그런 신문의 발행인을 포함한다.[11] 또한 어떤 기업 또는 그 기업이 속한 기업집단이 특정 필수 인프라 분야(essential infrastructure category)에서 과반의 점유율을 차지하거나, 적어도 네 개의 필수 인프라 분야에서 라이선스나 계약의 10% 이상을 차지하는 경우에도, 그 기업은 경제력집중 우려기관으로 지정된다.

동법이 규정하는 필수 인프라 분야는 전통적인 필수 인프라 산업인 도로·항만·운송·통신·에너지·상하수도 분야뿐만 아니라 중앙연금정산제도(central pension clearing systems)와 방송(broadcasting)도 포함하고 있다. 동법이 규정하는 필수 인프라 분야는 〈표 3-1〉과 같다.

한편, 경제력집중 우려기관 기업에 국공유자산의 권리를 할당할 때 경제력집중을 평가하기 위한 위원회로 '경제력집중완화위원회(The Committee for the Reduction of Concentration)'가 설립되었다.[12] 이 위원회의 구성과 역할은 동법 E장에 서술되어 있는데, 이스라엘 경쟁당국의 수장(general director)이 위원장을 맡고, 위원에는 재무부 사무차관(director general)과 총리실의 국가경제자문회의(National Economic Council) 의장이 포함된다. 이스라엘 경쟁당국이 이 위원회의 사무국 역할을 수행하며, 위원회는 개별 규제기관에 경제력집중에 대한 평가

11 이스라엘 경쟁당국의 인쇄매체에 대한 해석에 따르면, 인쇄매체는 종이신문을 의미하고 온라인 신문을 포함하지 않는다. 이는 주요 온라인 신문들은 대부분 종이신문도 같이 발행하고 있다는 이스라엘의 현실을 반영한 것이다. 그러나 이스라엘 경쟁당국도 전자매체의 점증하는 영향력을 인지하고 있으며, 실제로 경제력집중완화위원회는 이단오페르그룹(Idan Ofer Group) 사례에서 뉴스나 시사에 관련된 웹사이트를 보유하지 말라고 요구하기도 했다(https://www.gov.il/en/departments/news/press-ofer). 그러나 이스라엘 경쟁당국의 공식적인 입장은 전자매체를 포함하기 위해서는 법안의 워딩(wording)을 변경할 필요가 있다는 것이다.

12 권리의 확대나 갱신 때에도 할당 때와 같이 다뤄진다.

표 3-1. 필수 인프라 분야

천연가스(natural gas)
전기(electricity)
원유(oil)
LPG
도로(roads)
해운과 항만(shipping and ports)
우편서비스(postal services)
창고업과 항공운송(warehousing and air cargo)
버스노선(bus routes)
석유(petroleum)
채석(quarries)
공항(airports)
용수(water production)
철도(railroads)(local and not local)
방송(broadcasting)
사해 관련 권리(rights in respect of dead sea)
중앙연금정산제도(central pension clearing systems)
국내 전화사업자와 무선통신사업자 (domestic telephone network and mobile cellular telephone operator)
탄광(mines/quarrying of minerals)
기타 천연자원(other natural resources)
상하수도 사업체(water and sewage corporation)

의견을 전달한다.

경제력집중완화위원회는 경제력집중 우려기관의 명단을 재무부 웹사이트에 공식적 공보물(official gazette)로 공시한다. 또한 필수 인프라 분야에서 국공유자산의 권리를 할당할 때 경제력집중에 관한 평가뿐만 아니라 각 산업의 경쟁상황(industry-specific competition considerations)에 대한 평가도 함께하게 된다.

표 3-2 . 2013년 이스라엘 반경제력집중법 주요 내용

주요 이슈	주요 내용
금산분리	주요 금융회사와 주요 실물회사를 동시에 지배하는 것은 금지 (주요 금융회사는 기업집단 전체의 금융자산이 400억 세겔을 초과하는 은행과 비은행금융기관 또는 어음교환소; 주요 비금융회사는 기업집단 전체의 매출 또는 부채가 60억 세겔 이상인 비금융회사 또는 한 개 이상의 독점시장에서 기업집단 전체의 매출이 20억 세겔 이상인 비금융회사)
지배구조	상장회사 2층 구조의 피라미드형 기업집단만 허용 (이 기준을 충족하지 못하는 기존 기업집단은 4년 안에 3층 그리고 6년 안에 2층 구조로 이행해야 함)
국공유자산 할당 조건	필수 인프라 분야에 국가자산의 권리(라이선스, 계약, 지배권)를 '경제력집중 우려기관'에 할당할지 여부를 판단할 때, '경제력집중완화위원회'를 통해 개별 산업의 경쟁상황뿐 아니라 경제력집중을 평가

3. 보완적 입법

경쟁력강화위원회가 권고한 기업 거버넌스 개혁과 시스템 리스크 관련 금융규제는 특별법인 반경제력집중법이 제정되기 이전에 기존 관련 법령에 먼저 반영되었다. 우선, 2011년에 이스라엘은 회사법을 개정하여(Amendment No. 16 to the Israeli Companies Law of 1999), 특수관계자 거래(related-party transactions)에 대해 MoM을 적용하도록 했다. 보다 구체적으로 살펴보면,[13] 이스라엘 회사법은 (1) 상장기업이 그 기업 총수와 주요 거래 또는 총수의 개인적 이해가 걸린 주요 거래(Material transaction of a public company with its controller or such

13 텔아비브 대학교 법대 함다니(Assaf Hamdani) 교수의 메모에 기초한다.

transaction concerning which the controller has a "personal interest")와 (2) 총수나 총수일가 회사의 경영 서비스나 고용에 관한 거래(Any transaction with the controller/its family concerning the provision of management services or employment at the company)에 대해서 주총에서 MoM 허가를 받도록 의무화했다.

한편, 이스라엘 회사법은 이와 같은 규제 대상인 총수를 (1) 25% 이상의 주식을 보유하거나, (2) '기업의 행위를 지시할 수 있는 능력(ability to direct corporate actions)'을 지닌 주주라고 정의하고 있다.[14] 즉, 이스라엘 회사법에서 총수와 이해관계자 거래에 대한 정의는 이른바 '개방적 기준(open-ended standard)'을 채택하고 있는데, 이에 대한 구체적 적용은 궁극적으로 법원에서 소송을 통해 결정된다.

이런 개방적 기준은 효과적인 사법 절차가 마련되어야만 실효성을 가질 수 있다. 따라서 이스라엘은 2011년에 특별 경제법원을 설치했는데,[15] 미국의 델라웨어 법원의 상법부 모델(the Delaware Court of the Chancery Model)과 유사하게 텔아비브 지방법원에 경제부(the Economic Division)라는 특별 재판부를 설치해 회사법과 증권법 관련 소송만 다루도록 한 것이다. 이 재판부는 세 명의 종신 판사(tenured judges)로 구성되며, 이 판사들은 오직 증권법과 상법에 관한 민사소송과 증권법 위반과 관련된 형사사건만 다룬다. 이런 특별 재판부를 설

14 한국의 공정거래법에서 대기업집단의 총수를 지정할 때도 '실질적 지배'라는 유사한 개념을 사용하고 있다.

15 Y. Aran and M. Ofir, "The effect of specialised courts over time," S. Ranchordas and Y. Roznai (Eds.), *Time, Law and Change: An Interdisciplinary Study* (Oxford: Hart Publishing, 2020).

치한 배경 중 하나는 투자자의 집단소송이나 대표소송(derivative suits)을 통해 법의 사적 집행(private enforcement)을 촉진하기 위해서였다. 이와 동시에 이스라엘 증권위원회(ISA)가 대표소송의 비용 일부를 부담하는 제도와 원고가 소송 시 입증에 필요한 회사 내부 자료에 접근하는 것을 더욱 용이하게 해 주는 증거개시제도(discovery)도 도입되었다.[16]

2011년에 이루어진 이 같은 기업 거버넌스 개혁의 실효성은 최근 실증 연구들에 의해 입증되고 있다. 2011년 회사법 개정 이후 총수나 총수일가가 임원으로서 받는 급여에 대해서 적어도 3년에 한 번씩은 주총에서 MoM 승인을 받아야 하는데, Fried, Kamar, and Yafeh(2020)의 최근 연구는 이 제도가 도입된 이후 총수나 총수일가가 받는 급여의 증가폭이 감소했고 일부는 아예 임원을 그만두거나 급여를 못 받고 일을 하는 현상이 나타나고 있음을 실증적으로 보여주었다. Aran and Moran(2020)은 텔아비브 법원의 경제부라는 특수 경제법원 설치 이후 관련 사건 재판이 신속하게 진행되고, 일관된 판례가 급속히 형성되었으며, 이 법원으로 관련 소송이 몰리는 현상을 실증적으로 발견했다. 이런 실증연구들은 이스라엘의 기업 거버넌스 관련 개혁들이 실질적인 효과를 내고 있음을 시사한다.

한편, 경쟁력강화위원회가 권고했던 시스템 리스크 억제를 위한 금융규제와 관련하여, 반경제력집중법의 섹션 26(section 26)은 재무부 장관과 이스라엘 중앙은행 총재가 기업이나 기업집단이 은행, 보험회

16 이스라엘은 이미 징벌배상 제도를 시행 중이다.

사, 기타 기관투자자를 포함한 이스라엘 금융기관으로부터 빌릴 수 있는 대출 총액의 상한을 의무적으로 정하도록 했다. 이런 대출 상한 설정은 2003년 은행법 시행령(Banking Ordinance No. 303)이 개별 기업과 이른바 '단일 대부자들(single borrowers)'[17]에 부과했던 은행대출 상한 규제와 재무부 자본시장국의 기관투자자나 펀드로부터의 대출 상한 규제를 통합하여 운영하려는 것이었다. 그러나 이스라엘에 기업신용 정보를 다루는 기관이 없는 상황에서 이스라엘 은행과 재무부 자본시장국 간의 관할권 조정과 협조가 사실상 어려워 실제로 이 조항은 실행되지 못하고 있는 상태이다.

17 '단일 대부자들'의 개념은 기업집단보다 더 포괄적인 개념이다.

제4장

반경제력집중법의 집행

반경제력집중법의 집행은 이스라엘 기업집단의 소유지배구조 변화를 끌어내어 경제력집중 해소라는 정책 목표를 달성한 것으로 평가된다. 이스라엘 정부는 또한 경제력집중의 재발을 방지하기 위하여 지속적으로 경제력집중 억제 조항을 집행하고 있다.

1. 기업집단 소유지배구조의 변화

2013년에 입법된 반경제력집중법에 따른 금산분리 규제와 소유지배구조 규제로 인해, 이스라엘 기업집단의 출자 및 소유지배구조는 상당한 변화가 예상되었다. 이스라엘 재무부가 공시한 자료에 따르면, '주요 실물회사'로 지정된 기업은 12개 기업집단에 소속된 실물회사들이었다.[1] 2019년까지 시가총액 합계가 약 250억 US달러에 이르는 40여 개 상장기업이 매각되거나 지분조정이 이루어질 예정이라고 전망되었는데,[2] 금산분리와 출자단계 단순화라는 구조적 조치의 이행 여부는

1 https://en.wikipedia.org/wiki/Israel%27s_Anti-Concentration_Law
2 이스라엘 정부는 2005년 은행들이 4년 또는 8년 내에 자금관리회사(money manage-

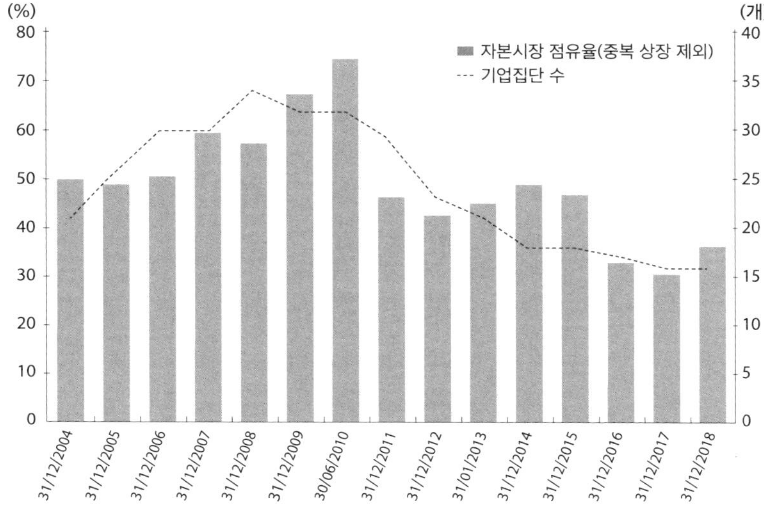

그림 4-1. 이스라엘 기업집단의 수와 자본시장 점유율

주: 왼쪽 축은 점유율, 오른쪽 축은 기업집단 수를 나타냄.

출처: A. Hamdani, K. Kosenko, and Y. Yafeh, "Pyramidal business groups and regulation: Evidence the United States, Japan, Korea and Israel," Working Paper (2019).

이스라엘 증권위원회(ISA)가 감시하였다.

실제로 반경제력집중법의 시행은 기업집단의 출자구조와 규모에 상당한 영향을 미쳤다.[3] 〈그림 4-1〉과 〈그림 4-2〉에서 볼 수 있듯이, 동법의 제정 작업이 본격화된 2011년 이후, 이스라엘 경제에서 기업

ment firms)를 매각하도록 명령했는데, 실제로 1년 반에 모두 매각이 이뤄진 바 있다. Meitar. Israel's Concentration Law: M&A Opportunities, 2014.

3 A. Hamdani, K. Kosenko, and Y. Yafeh, "Pyramidal business groups and regulation: Evidence the United States, Japan, Korea and Israel," Working Paper (2019).

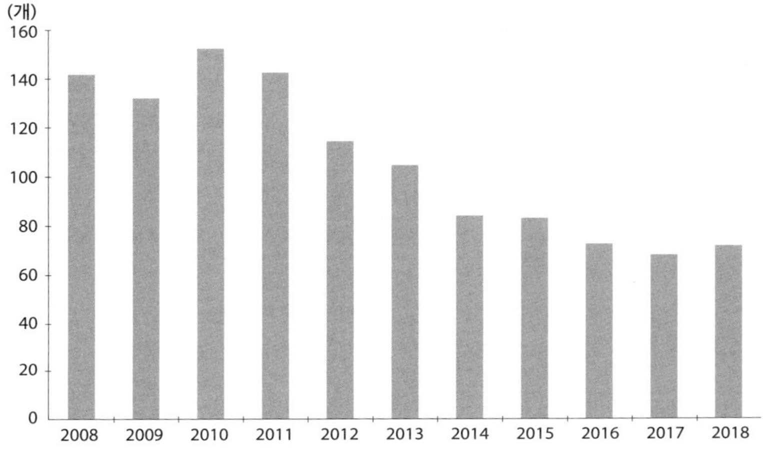

그림 4-2. 기업집단에 소속된 기업의 수(2008~2018년)

출처: A. Hamdani, K. Kosenko, and Y. Yafeh, "Pyramidal business groups and regulation: Evidence the United States, Japan, Korea and Israel," Working Paper (2019).

집단이 차지하는 비중은 감소하는 추세로 돌아섰고, 법 시행 이후에는 더욱 줄어들었다. 이스라엘에서는 세 개 이상의 상장기업이 동일인에 의해 지배될 때(three or more listed companies under common control) 이 기업들을 묶어서 기업집단이라고 부르는데, 이 정의에 따르면 이스라엘 기업집단의 수가 2008년 34개에서 2018년에 16개로 감소했다. 더욱이 남아 있는 기업집단의 규모는 줄어들었고, 이들 기업집단은 특정 분야에 전문화되어 있었다.

IDB그룹을 제외한 모든 기업집단은 규제 이행기한인 2019년이 되기 전인 2018년 말에 이미 출자구조를 상장회사 2층 피라미드 구조로 바꿨다. 4층, 5층 그리고 그 이상 층수를 지닌 이른바 '키 큰(tall)' 피라미드는 완전히 사라진 것이다. 기업집단에 소속된 상장기업들은 2010

년 이스라엘 유가증권시장(Tel Aviv Stock Exchange) 시가총액의 50% 정도를 차지하여 최고치를 기록했었는데, 2018년에는 시가총액의 약 20%로 감소하였다. 이런 기업집단 비중의 감소는 2013년 반경제력집중법이 제정되기 이전에 이미 존재했던 과도한 부채비율(excessive leverage)과 금융위기 등의 영향을 받았을 수도 있다. 즉, 반경제력집중법 외에도 기업집단이 과도한 부채비율과 리스크로 이미 자본확충에 어려움을 겪고 있었다는 점과 이스라엘 중앙은행과 재무부가 기업집단에 대한 금융기관의 과도한 익스포저(exposure)[4]를 제한했다는 점, 그리고 일부 이스라엘 재벌 총수의 이미지 손상 등도 2013년 이후 벌어진 기업집단의 변화에 일정한 역할을 했을 수 있다. 그럼에도 기업집단이 자본시장에서 차지하는 비중의 감소는, 2018년에 이스라엘 유가증권시장의 시가총액 자체가 2010년에 비해서 33% 정도 감소했는데도 나타난 현상이라는 점을 주지할 필요가 있다.

반경제력집중법의 시행으로 총 37개의 상장기업이 직접적인 영향을 받았는데, 이 중 28개 기업은 출자단계를 축소해야 하는 문제에 직면했고, 나머지 9개 기업은 주요 실물회사와 주요 금융회사의 구조적 분리 문제를 해소해야 했다. 21개 상장회사는 출자단계의 축소를 상장폐지나 다른 계열사와의 합병을 통해 달성하였다. 동법에 의하면 상장폐지로 비상장회사가 되는 경우에는 출자 층수(layer) 계산에서 제외되는데, 상장폐지를 하기 위해 총수가 소수주주의 지분을 매입할 때 자신의 자금(deep pockets)을 사용했다. 나머지 기업들의 경우

4 '익스포저'는 투자금이나 대출금뿐만 아니라 파생상품을 포함한 모든 금융거래에서 손실 발생이 가능한 금액을 의미한다.

에는, 기업집단이나 총수의 신용 제약으로 인해 은행, 채권, 주식시장을 통해 자본을 확충하기가 어려웠고, 따라서 기업 지배권을 대부자들(creditors)에게 양도했다. 주요 금융회사와 주요 실물회사의 구조적 분리 조건을 충족해야 했던 상당히 큰 기업집단들은, 기존 총수의 지분이 새로운 지배주주에게 양도되지 않고 시장에서 공중들에게 매각되어 이른바 '지배주주가 없는(widely held)' 기업집단이 되었다.[5]

2. IDB 사례

이스라엘 최대 기업집단이었던 IDB그룹은 2013년에 재무적 어려움에 처했었는데, 결국 새로운 지배주주인 엘츠타인(Eduardo Elsztain)에게 기업집단의 지배권이 넘어가게 되었다. 그런데 다른 기업집단들과 달리 IDB그룹이 유일하게 반경제력집중법에서 정한 이행 기간 안에 출자단계를 줄이는 데 실패하고 문제를 일으켰다. 2017년 8월 27일자 『글로브(*Globes*)』 온라인 기사에 의하면,[6] 이스라엘 정부는 IDB그룹이 편법적인 방식으로 출자단계를 축소한 것을 확인하고, 2017년 말까지 IDB그룹이 3층 피라미드 구조를 완성하는 계획을 승인하면서 아울러 경고도 내놓았다. 사건의 개요는 다음과 같다.

2017년 7월 기준 IDB그룹은 4층 피라미드 구조였는데, 1층에

5 대표적인 예가 Paz Oil Company이다.
6 https://en.globes.co.il/en/article-idb-pyramid-structure-to-be-reduced-1001202597

지주회사 격인 IDB개발(IDB Development)이라는 회사가 있었다. 이 IDB개발은 유가증권시장에 주식을 발행하지 않고 회사채의 일종인 디벤처만 발행하고 있는 상장기업이었다. IDB개발이 IDB디스카운트투자(IDB Discount Investment)라는 상장회사를 지배하고, 이 회사가 Property and Building Ltd.(PTBL)라는 상장기업을 지배하고,[7] 다시 이 회사가 세 개의 상장기업[8]을 지배하는 4층 피라미드 구조였던 것이다.

그런데 IDB개발은 이스라엘 증권위원회에 정상적인 방법으로는 반경제력집중법이 지정한 기한인 2017년 12월 말까지 3층 피라미드 구조로 출자단계를 줄일 수 없다고 통지하면서, 유일하게 할 수 있는 방법은 IDB개발이 보유하고 있는 IDB디스카운트투자의 주식을 신설 비상장 SPV(Special Purpose Vehicle, 특수목적회사)에 파는 것뿐이라고 주장했다. 이 비상장 SPV는 IDB그룹의 지배주주인 엘츠타인이 지배하고 있었는데, IDB개발이 회사채를 발행해 조달한 자금을 SPV에 융자해 주는 방식(seller's loan)으로 IDB디스카운트투자의 인수비용을 충당하도록 하겠다는 것이었다. 이렇게 되면, 결국 IDB개발은 피라미드 출자구조에서 빠지게 되고, 비상장기업인 SPV에 의해 지배되는 IDB디스카운트투자가 IDB 피라미드의 1층 기업이 되어 상장회사 3층 피라미드 규제를 충족하게 된다.

이스라엘 증권위원회에 제시한 IDB의 이 제안은 반경제력집중법이 규정한 출자구조 규제의 맹점(lopeholes)을 이용하는 편법으로서

7 IDB디스카운트투자는 IDB그룹의 가장 큰 상장기업인 셀콤(Cellcom)과 수퍼살(Shufersal)도 지배하고 있다.

8 Bayside Land Corp. Ltd. (Gav Yam) (TASE: BYSD1), Israel Properties Rental Corp. Ltd. (TASE: IPRO) 그리고 Mehadrin Tnuport Export LP (TASE: MEDH).

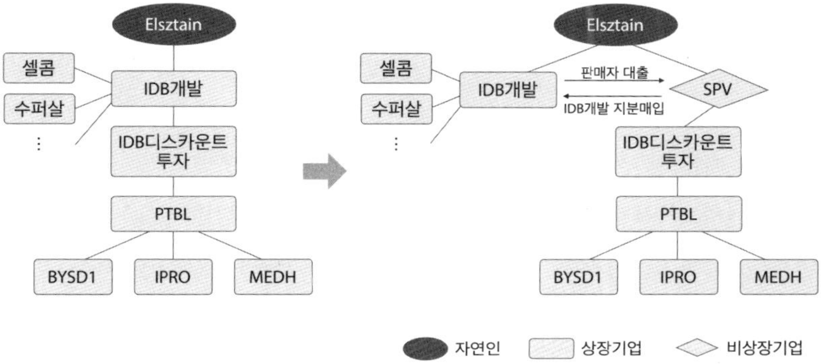

그림 4-3. IDB의 규제회피 사례

반경제력집중법의 입법 취지를 무력화시킬 수도 있는 사안이었다. 동법의 목적은 지배주주가 유가시장을 통해 조달한 일반인 자금(public money)을 이용해 지배력을 확대하는 것을 막기 위한 것인데, IDB의 방식은 일반인 자금을 조달한 상장기업이 이 자금을 이용해 비상장기업에 일반인 자금을 간접적으로 조달할 수 있게 허용함으로써, 사실상 소유지배구조의 변화 없이도 출자구조 규제의 요건을 충족할 수 있게 되는 것이다(〈그림 4-3〉 참고). 이와 같은 규제의 맹점은 근본적으로 반경제력집중법이 출자단계를 상장기업 간의 출자로만 정의한 데서 비롯되는데, 보다 근본적으로는 입법 과정에서 이런 비상식적인 상황까지 상정해 지배주주 또는 계열기업의 주식 처분 행위에 대한 규제를 마련하지 못한 미비함 때문이었다.[9]

9 2015년에 이스라엘을 방문했을 때 저자가 이런 가능성을 이스라엘 전문가들에게 지적한 바 있는데, 그때 이스라엘 전문가들의 반응은 "설마 그렇게까지 하는 일이 생길

이스라엘 법무부는 이와 같은 문제가 불거진 2017년 7월, IDB의 제안은 반경제력집중법상 규제를 회피하는 선례를 남길 수 있고, 향후 다른 기업집단에 의한 유사한 악용 사례가 발생할 수 있다고 경고했다. 그리고 법무부장관은 법무부가 이런 맹점을 방지할 수 있는 반경제력집중법 시행령을 공포할 것을 명령했다. 이에 IDB그룹은 3층 피라미드 구조를 달성해야 하는 기한을 연기해 주면 이 같은 계획을 포기하겠다고 제안하였다. 그런데 이를 위해서는 이스라엘 의회가 법의 맹점을 보완하는 규제와 법적 기한을 연장하는 법안을 통과시켜야만 했다. 한편, IDB개발의 이사회는 이러한 거래를 원칙적으로 승인했으나, 아직 공식적으로는 서명을 하지 않은 상태였다. 만약 거래가 정식으로 이사회의 승인을 받게 되면, IDB개발의 채권자들은 이사회에 대해 소송을 제기할 가능성이 높다고 예상하고 있었다.

이와 같은 상황에서 이스라엘 법무부장관은 당초의 반대 입장을 바꿔, IDB개발과 SPV 간의 거래를 허용하기로 결정했다. 이 결정으로 IDB그룹 사례를 둘러싸고 오랫동안 지속된 논란과 법무부와 이스라엘 증권위원회가 의사결정을 서로 미루던 상황은 끝나게 되었다. 이스라엘 법무부가 여러 가지 대안과 전문가들의 의견을 검토한 끝에, 지금은 법을 개정해서 맹점을 막는 것보다 규제의 안정성을 유지하는 것이 더 중요하다고 판단하였고, 충분한 고지 없이 법을 개정하는 것도 적절하지 않다는 이스라엘 증권위원회의 견해를 받아들인 것이다. 그러나 법무부는 다른 기업집단들이 유사한 시도를 할 경우에는 규제의

까"였다. 사실 한국 재벌의 규제와 규제 완화 사례를 돌이켜보면 충분히 발생할 수 있는 문제였다고 생각된다.

맹점을 바로잡는 입법을 반드시 고려할 것이라는 점도 분명히 했다.

한편, IDB그룹은 2019년 말까지 상장회사 2층 피라미드 구조를 갖추어야 한다는 규제요건을 충족하기 위해서, 2층에 위치한 PTBL이라는 상장기업의 소수주주 보유 주식을 공개시장에서 매입한 후 상장폐지(delisting)하려고 시도했으나 성공하지 못했다. 또한 IDB개발이 보유하고 있던 보험회사인 크랄의 지분 60% 전체를 일괄 매각하는 대신에 분할 매각을 고집하면서 엄청난 손실을 입었고, 이동통신 사업자인 셀콤의 손실이 누적되면서 IDB개발의 부채가 급증했다. 설상가상으로, PTBL이 미국 라스베이거스와 뉴욕시에 투자했던 부동산에서도 큰 손실을 보았다. 결국 2020년 9월 텔아비브 지방법원은 IDB개발의 채권자들과 협상하기 위해 3개월의 유예기간을 허용해 달라는 IDB그룹 총수 엘츠타인의 제안을 거부하고, IDB개발을 청산하는 관재인(trustee)을 임명하여 IDB개발의 이사회를 해산시키도록 명령했다. 또한 IDB개발과 PTBL의 자산관리인(receiver)도 각각 임명했다. 이로써 엘츠타인은 IDB그룹의 지배권을 상실했다.[10]

3. 필수 인프라에 대한 권리 할당 시 경제력집중에 대한 고려

반경제력집중법으로 도입된 금산분리는 2019년 말에 완전히 이행되었

10 https://www.haaretz.com/israel-news/business/.premium-after-eight-years-eduardo-elsztain-loses-control-of-indebted-idb-group-1.9195718

고, 상장회사 2층 피라미드 구조를 갖출 것을 요구한 출자구조 규제도 IDB의 경우를 제외하고는 완결되었다. 이에 반해, 경제력집중 우려기관인 기업에 국공유자산의 권리를 할당할 때 경제력집중을 평가하는 업무는 현재 진행형이라고 할 수 있다. 이미 설명하였듯이, 이를 위해 경제력집중완화위원회가 설립되었고, 이스라엘 경쟁당국이 이 위원회의 사무국 역할을 수행하고 있다.

경제력집중완화위원회는 필수 인프라 분야에서 국공유자산의 권리를 할당할 때 적용하기 위한 '경제력집중 평가방법(Methodology for Evaluating Economy-Wide Concentration)'이라는 지침을 마련했는데, 이 지침의 초안은 영문본으로도 존재한다. 이 초안에 대해 전문가들과 이해당사자들의 의견을 구한 후에 동 위원회는 2019년 1월 최종본을 완성했다. 그런데 저자는 이스라엘 경쟁당국의 경제력집중 평가 담당 국장인 브래치펠트(Brachfeld)와의 미팅을 통해 지침의 초안이 거의 그대로 최종안에 반영되었고, 몇 가지 변화만 있었음을 확인할 수 있었다.[11] 따라서 다음에서는 지침의 영문 초안과 이스라엘 경쟁당국 담당자와의 대화에 기초해, 이스라엘 경쟁당국이 경제력집중 평가를 어떻게 수행하고 있는지를 살펴본다.

경제력집중 평가방법 지침은 경제력집중에 대한 평가가 경쟁법 분야에서 흔히 다뤄지는 특정 산업의 구체적 경쟁상황에 대한 평가와 두 가지 면에서 다름을 분명히 밝히고 있다. 첫째, 경제력집중은 해

11 인프라의 중요도, 경제력집중을 야기한 정도 등을 기준으로 국공유자산의 권리를 어떻게 판단할 것인지에 대한 장(chapter)이 추가되었고, 세 가지 정도의 수정이 있었다. 세 가지 수정사항은 다음 각주들에서 설명하기로 한다.

악을 미치는 능력의 원천이 경쟁법에서 정의하는 시장지배력이 아니라 '사회적 의사결정자들(decision makers)'에 대한 영향력에서 비롯된다. 둘째, 해악을 미치는 종류가 다른데, 경제력집중은 경쟁뿐만 아니라 일반적인 공중의 이익을 침해한다. 사회적 의사결정자에는 관료와 정치인 같은 정책결정자들(policy makers)과 언론이 포함된다. 이런 사회적 의사결정자들에게 영향력[12]을 행사할 수 있는 주체는 필수 인프라를 보유하고 있거나 경제에서 차지하는 비중이 큰 기업집단인데,[13] 이들은 바로 반경제력집중법에서 다루고 있는 '경제력집중 우려기관(concentrated entities)'이다.

경제력집중 우려기관의 영향력을 측정하는 지표로 동 지침은 크게 세 가지 범주를 제시한다. 첫째, 경제 전반의 공급망에 필수적인 분야를 많이 차지하는 기업일수록 이런 영향력은 커진다. 이런 필수적인 분야를 필수 인프라 분야로 볼 수 있다. 둘째, 기업 또는 기업집단의 규모와 다른 산업에 미치는 중요도 같은 거시적 자료도 참고한다.[14] 셋째, 규제 당국에 영향을 미칠 수 있는 관계적 특성도 고려해야 하는데, 규제 당국과의 접촉 빈도, 여러 정책결정자와의 접촉, 특정 기업이나 기업집단에 대한 정책결정자의 의존도, 미디어 보유 여부 등을 구체적으로 살펴본다.

12 초안은 'bargaining power'라는 표현을 사용하였으나, 최종본은 '영향력(influence)'이라는 표현을 사용한다.

13 '너무 커서 도산할 수 없는 기업(a player who is too big to fail)'이라는 표현은 최종본에서 삭제되었다.

14 지침 초안에는 고용 범위에 대한 고려도 포함되었으나 최종본에서는 삭제되었고, 대신에 의사결정자에게 영향을 미칠 수 있는 노동조합의 영향력을 확인하는 내용이 추가되었다.

이와 같은 측정 지표를 사용해, 동 위원회는 필수 인프라를 보유한 기업 또는 기업집단의 영향력을 분산하고, 경제력집중 우려기관이 다른 인프라 분야로 확장하는 것을 억제하고자 한다. 궁극적으로 동 위원회는 경제력집중에 따른 폐해를 산정할 때 국공유자산의 권리를 할당함으로써 발생하는 경쟁 저하와 경제력집중 우려기관이 다른 산업에 진입할 경우에 변동하는 소비자 후생을 함께 고려하는 것이다.

2020년 2월 16일 기준, 이스라엘에는 20개의 '주요 실물 기업집단'과 18개의 '주요 금융회사 집단'을 포함해 경제력집중 우려기관에 해당하는 기업집단이 총 75개 존재한다. 이 75개 기업집단에 소속된 기업들과 그 지배주주의 수를 합치면 경제력집중 우려기관이 4,687개 지정된 셈이다.[15] 동 위원회는 필수 인프라의 권리 할당과 관련된 경제력집중 평가를 실시하고 그에 따른 권고를 담당 규제기관에 하고 있는데, 최근 주요 사례는 〈표 4-1〉과 같다.

〈표 4-1〉에 제시된 10개의 주요 사례는 네 가지 유형으로 나누어 볼 수 있다. 첫째, 경제력집중 우려기관이 또 다른 경제력집중 우려기관을 인수하거나 이 기관이 보유한 라이선스를 획득하려는 경우이다. 경제력집중완화위원회는 오페르그룹(Idan Ofer Group)이 전력생산 라이선스를 획득하는 조건으로 보유하고 있던 미디어 기업(Roshet Media Ltd.)의 지분을 팔도록 권고했으나, 초멧그룹(Tsomet Group)에는 전력생산 라이선스를 부여하지 않도록 권고했다. 하포알림 은행(Bank Hapo-alim)의 관계사였던 베비누이그룹(Shikun Vebinuy Group)에는 예루살

15 https://www.gov.il/he/Departments/PublicBodies/centralization_decrease_committee

렘 경전철 확장 사업(the JNET project)에 참여하지 못하도록 권고했다. IDB그룹에는 가장 큰 담수시설을 매각하는 조건으로 소렉(Sorek) 지역의 담수시설 건설 및 운영에 관한 경매에 참여할 수 있도록 하였다. 둘째, 두 미디어 기업의 합병은 허용하되, 정부 측 이사를 추가로 임명하도록 권고했다. 셋째, 다른 대안적 사업자가 없는 상황일 경우 석유시추에 대한 라이선스를 허용하거나, 단서 조항을 두고 천연가스 파이프라인 건설 라이선스를 허용한 사례도 있다. 넷째, 경제력집중완화위원회가 현 단계에서는 권고를 유보하나 추후 진행사항을 관찰하면서 필요시 권고하겠다고 한 사례가 있다.

표 4-1. 경제력집중완화위원회의 최근 주요 권고 사례
(Opinions of the Committee for the Reduction of Concentration)

연도	사례	위원회의 권고
2019	granting licenses for power generation to Idan Ofer group	Under its commitment to sell its holdings at Reshet Media Ltd. and not operate in the Israeli media field.
	the approval of licenses in the framework of the merger between Reshet Media Ltd. and Channel 10	The Committee advised the Israeli Television Authority not to reject the merger. However, due to the increase of concentration the Authority should change its rules and appoint additional government directors to Reshet's management.
	privatization of the Haifa Port	The Committee advised the transportation office to consult the committee again after the Prequalification stage of the merger, so the committee will be able to address the specific optional buyers.
	granting of licenses for oil drilling to the Delek Group – Delek which is considered a Monopoly in the natural gas production asked to join an oil exploration venture.	The Committee advised the commissioner of oil affairs to allow the allocation of the license to Delek as there is a lack of alternatives.

연도	사례	위원회의 권고
2019	allocation of a license to Nobel and Delek Group	The Committee advised the energy office to allow an allocation of a license which enables Nobel and Delek (Israeli natural gas monopoly) to hold a natural gas pipeline to Egypt, subject to terms including limiting the length of the license and granting its israeli clients the same prices which the foreign clients will pay (as agreed in the natural gas roadmap).
2018	the JNET project	The Majority of the Committee advised not to allow the participation of "Shikun Vebinuy Group" in a large project of expanding the light train in Jerusalem. Shikun Vebinuy Group was in that time a related company to the second biggest bank in Israel "Bank Hapoalim".
2018	IDE's participation in the tender for building and operating a water desalination facility in Sorek area	The Committee advised the Water authority to allow IDE's participation subject to it selling the biggest desalination facility in Israel before the tender.
2018	the privatization of the Israel post company	This opinion changes the original opinion which opposed the participation in the privatization of every "very concentrated Group", and asked to advise only after its clear who are the participants in the tender.
2017	granting of a license to produce electricity to the Tsomet Group owned by the Israel Company	This opinion summary to reject the license to Tsomet.
2017	the participation of concentrated entities in the tender of the light train in Jerusalem	The Committee asked the regulator to consult it after the Prequalification stage when it's clear who the participants in the tender are.

제5장

반경제력집중법에 대한 평가

반경제력집중법을 제정하기 전 이스라엘 정부는 미국이 뉴딜(New Deal) 기간에 대기업집단을 해체했던 사례와 제2차 세계대전 종전 후 일본에서 재벌이 해체된 과정을 연구한 바 있다. 이 장에서는 미국 대기업집단이 뉴딜 시기에 해체된 과정과 제2차 세계대전 종전 후 과거 일본 재벌이 해체되어 계열(系列)로 바뀌는 과정을 살펴보고 이스라엘의 반경제력집중법과 비교함으로써, 반경제력집중법의 의의를 평가하기로 한다.

1. 뉴딜과 미국 기업집단의 해체

미국 대기업집단의 해체에 대한 가장 포괄적인 연구로는 Kandel, Kosenko, Morck and Yafeh(2018)를 꼽을 수 있다. 이 연구에 참여한 네 명의 저자 중 세 명은 이스라엘 재벌개혁에서 핵심적인 역할을 수행했던 사람들이고, 나머지 한 명인 Morck은 전 세계의 기업집단에 관해 오랫동안 연구해 온 캐나다 학자이다. 이 연구에 의하면, 미국에서도 20세기 중반까지 대규모 '피라미드형 기업집단(pyramidal group)'들이 여러 산업에서 지배적인 사업자 지위를 누리고 있었다. 특히 이들 기업집단 중 절반 정도가 다각화된 사업영역을 가지고 있었고, 특정 가문에 의해 지배되고 있었다. 따라서 이 당시 미국의 기업집단 상당수는 본질적으로 한국의 재벌과 동일한 특성을 가지고 있었다고 할 수 있다. 이런 의미에서 특정 가문이 지배하고 있던 미국의 대기업집단을 '미국 재벌'이라고 부를 수 있을 것이다. 그런데 이러한 특성을 가진 미국의 기업집단은 1940년대부터 점진적으로 사라졌고, 1950년대에 이르러서는 사실상 더 이상 찾기 어렵게 되었다.[1] 미국의 기업집단이 이렇게 소멸한 것은 절대 자연스럽게 저절로 일어난 현상이 아니었다.

미국에서 피라미드 구조를 가진 기업집단들은 1920년대에 급속히 증가했는데, 대공황 시기에 발생한 이들의 대량 연쇄 부도 사태는 대중이 기업집단의 문제점을 인식하게 되는 계기가 되었다.[2] Kandel 등(2018)의 연구에 의하면, 1930~1940년대 미국에는 대규모 피라미드 조직을 가진 기업집단이 50개 이상 있었고, 이들 기업집단에 소속된 회사들은 주로 제조업, 철도, 전기·가스 등의 공공유틸리티(public utility)산업에서 사업을 영위하고 있었다. 그리고 미국 제조업 회사 중 상위 절반 정도와 큰 금융회사들이 이런 기업집단에 포함되어 있었다.

그런데 이 당시 미국 대기업집단은 몇 가지 독특한 특성을 가지고 있었다. 첫째, 몇몇 기업집단은 다각화된 사업영역을 지닌 반면, 대다수는 철도나 공공유틸리티산업에서만 대부분의 계열사를 보유했다. 둘째, 절반 정도의 기업집단이 가문에 의해 지배되었으나, 나머지 절반 정도는 지배 가문 없이 상장회사가 소유지배구조의 정점에 있었다.

1 구글을 자회사로 두고 있는 알파벳과 같은 오늘날 미국에 존재하는 100% 자회사 중심의 기업집단은 기업지배구조 측면에서는 단일 기업과 동일하게 취급된다.

2 박경로, 「은행산업의 집중과 안정성: 지점 금지 규제와 대공황 시기 시카고의 은행 파산」, 『경제발전연구』 제10권 제2호(2004), 179-221면.

기업집단에 의한 경제력집중이 시장 경쟁과 궁극적으로는 미국 사회에 심각한 위협이 된다는 우려는 루스벨트(Franklin Roosevelt) 대통령의 1938년 의회 연설에 다음과 같이 잘 표현되어 있다.[3]

> 첫 번째 진실은, 사적 권력이 민주국가 자체보다 더 강력해지는 지점까지 이르도록 커지는 것을 감내하게 된다면 민주주의의 자유는 더 이상 안전하지 않다는 점이다. ……
> 오늘 우리 가운데 사적 권력의 집중이 역사상 유례없이 커지고 있다. 이런 (경제력)집중은 노동을 고용하고 자본을 사용하는 방식과 국민 전체에 소득과 수입을 더욱 공평하게 분배하는 방식으로서 민간 기업의 경제적 효과성을 심각하게 저해한다. ……
> The first truth is that the liberty of a democracy is not safe if the people tolerate the growth of private power to a point where it becomes stronger than their democratic state itself. ……
> Among us today a concentration of private power without equal in history is growing. This concentration is seriously impairing the economic effectiveness of private enterprise as a way of providing employment for labor and capital and as a way of assuring a more equitable distribution of income and earnings among the people of the Nation as a whole. ……

따라서 뉴딜 기간에 기업집단 해체를 위한 개혁 조치들이 시행되었는데, 피라미드형 기업집단의 해체는 단 하나의 법안만으로 단기간 내에 이뤄진 것은 아니었다(〈그림 5-1〉 참고).

3 루스벨트 대통령의 1938년 연설은 1942년에 *American Economic Review*에 게재되었다.

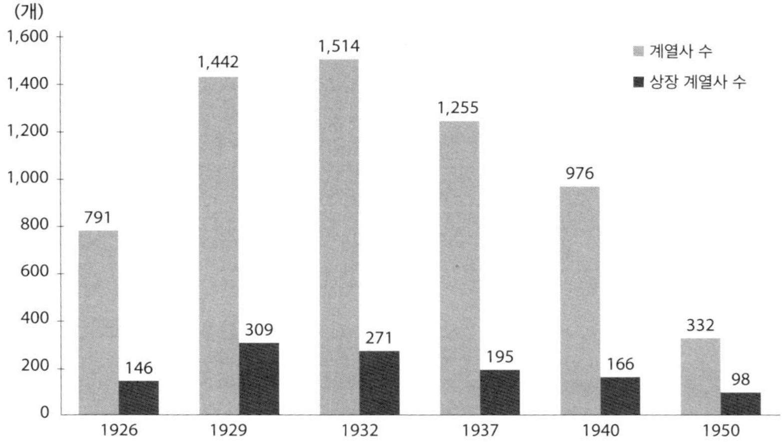

그림 5-1. 미국의 기업집단 소속 기업 수(1926~1950년)

출처: E. Kandel, K. Kosenko, R. Morck, and Y. Yafeh, "The great pyramids of America: A revised history of U. S. business groups, corporate ownership, and regulation, 1926-1950," *Strategic Management Journal* (2018), 1-28, Figure 1.

우선, 1935년에 입법된 공공유틸리티산업지주회사법(Public Utility Holding Company Act: PUHCA)은 전기·가스 등 공공유틸리티산업에서 상장된 지주회사로부터 출자를 받은 상장 자회사가 다른 상장회사에 출자하는 것을 금지했다. 즉, 피라미드형 지주회사 체제를 지닌 기업집단이 가장 많았던 공공유틸리티산업에 출자단계를 상장기업 2층 구조로 직접적으로 제한했다. 또한 공공유틸리티 기업집단은 오직 하나의 산업에서만 사업을 할 수 있으며, 물리적으로 연결된 인프라 구조를 가져야 한다고 규정함으로써 두 개 이상의 주(state)로 기업집단이 확장하는 것을 사실상 금지했다.[4] 또한 PUHCA는 공공유틸리티산업을 영위하는 회사가 증권을 발행하거나 거래하는 행위를 증권거래위원회가 규제하도록 했고, 증권거래위원회는 경쟁 입찰을 의무화하는 규제를 도입하여 피라미드형 기업집단으로 형성된 공공유틸리티산업과 투자은행들 사이의 부당 내부거래를 방지했다. 나아가 기업집단 수준에서의 로비(lobbying)도 제한했다. PUHCA의 집행에 대한 저항은 상당했지만, 1940년 연방대법원의 판결을 통해 PUHCA가 본격적으로 적용될 수 있었다. PUHCA에 대한 위헌 논쟁은 1946년에 이르러서야 연방대법원에서 종지부를 찍었다.

공공유틸리티산업에서 기업집단의 해체가 PUHCA라는 단일 법안이 시행된 이후 비교적 단기간에 이뤄진 것에 반해서, 그 외의 산업에서는 다양한 법을 통해 좀 더 오랜 기간에 걸쳐 기업집단의 해체가 이뤄졌다. 루스벨트 정부는 1935년 6월 세법 개정을 통해 기업 간의 배당에 대해 10%의 세율을 부과했는데,[5] 이로 인해 피라미드 단계가 늘어날수록 과세율도 증가하게 됐다. 그런데 이 세법은 자회사에 대한 지분율이 85%를 초과하면 배당소득세에 대한 이중과세를 감면해 주는 당근도 포함하고 있었다.

한편, 1940년에 입법화된 투자회사법(Investment Company Act)은 지주회사들이 자회사의 지분을 50% 이상 보유하지 않을 경우 이들 지주회사를 폐쇄형 투자펀드(closed-form mutual fund)로 의제하였다. 그리고 폐쇄형 투자펀드로 의제되는 경우에는 지배주주와 지주회사의 주주들이 자회사의 의사결정에 간여하는 것과 비경쟁적 거래(non-

4 이 조항은 'Death Sentense Clause'로 불렸다. Morck(2005)에 의하면, 당시 미국의 공익산업에서는 10단계의 피라미드형 기업집단도 상당수 있었다고 한다.

5 1936년에 이 세율은 15%로 인상되었다.

arm's length transaction)를 하는 것이 엄격히 제한되고 상당한 수준의 정보공개 의무(burdensome disclosure requirements)를 지도록 규정하였다. 투자회사법의 효과는 즉각적이었는데, 이 법이 시행된 이후부터 대부분 자회사에 대한 지분은 50% 이상으로 유지되었다. 이러한 투자회사법의 규정과 세법상의 기업 간 배당과세에 대한 예외 규정은 모회사로 하여금 자회사에 대한 지분율을 높이도록 유인해 궁극적으로 피라미드식 지주회사 체제가 해소되도록 한 것으로 평가된다.

이 외에도, 1933년 증권법(Security Act)과 1934년 증권거래위원회법(Security and Exchange Act)의 도입은 주주의 권리를 크게 향상시켜 기업 투명성을 제고하고, 1920년대에 만연했던 터널링을 억제해 기업집단의 해체를 촉진했다는 견해도 있다.[6] 또한 상속세나 경쟁정책의 시행 그리고 1933년의 은행법(Glass Steagall Act)도 대기업집단에 우호적이지 않은 환경으로 작용했을 수 있다. Kandel 등(2018)은 이러한 점들을 강조하면서 미국 기업집단의 해체가 15년 이상 소요되었고 여러 규제와 정치적 환경이 종합적으로 작용한 결과라는 결론을 내렸다.

2. 일본 재벌 규제의 변천

일본은 경제력집중에 관한 규제를 경쟁법에 명문으로 규정하고 있는

6 E. Kandel, K. Kosenko, R. Morck, and Y. Yafeh, "The Great Pyramids of America: A Revised History of U.S. Business Groups, Corporate Ownership, and Regulation, 1926-1950," *Strategic Management Journal* (2018), 1-28.

대표적인 국가이다. 제2차 세계대전 종전 이후 미 군정은 전시경제를 이끌면서 극도의 경제력집중을 이루었던 재벌을 해체하고 재벌의 재등장을 억제하는 법 제도를 확립하는 개혁을 추진하였다. 그러나 시간이 지나면서 경제력집중 규제는 경쟁법인 독점금지법 제정 초기보다 상당히 완화되었고, 과거 재벌에 소속되었던 기업들이 계열(系列, 게이레츠)을 형성하였다. 그런데 이런 일본의 계열은 1990년대부터 시작된 일본 경제의 침체기에 약화되고 있는 실정이다.

1) 일본의 재벌 해체와 경제력집중 규제의 변천

일본 재벌은 근대 이전에 어느 정도 축적되어 있던 상업자본이 메이지 유신(明治維新) 이후 산업자본으로 전환하는 과정에서 형성되었다. 대표적인 재벌들은 1900년대에 들어서 지주회사 체제를 구축했기 때문에 지주회사 체제는 일본 재벌의 전형적인 조직형태로 자리 잡게 되었다. 1929년 대공황을 기점으로 일본은 본격적으로 군국주의의 길로 들어섰으며, 전시경제하에서 일본 재벌은 국가의 요구를 적극적으로 수용해 이른바 재벌의 '전향(轉向)'과 '개조(改組)'가 이루어졌다. 구체적으로 살펴보면, 본사인 지주회사를 포함한 소속회사들의 주식 공개가 이루어졌고, 전문경영인이 상당수 등용되었으며, 전시산업에 필수적인 부분이었던 중화학 분야로 기존 재벌의 진출이 본격화되었다.[7]

7 박진도, 「일본 재벌의 해체와 새로운 재편성: 재벌로부터 기업집단에로」, 『경제개발연구』 제4권 제1호(1998), 42면; W. G. Beasley, *The Rise of Modern Japan*, 3rd ed. (New York: St. Martin's Press, 2000), p. 108 이하 참조.

그러나 재벌의 '전향'과 '개조'로 동족(同族)[8]에 의하여 지배되는 재벌의 폐쇄적 성격이 근본적으로 바뀌지는 않았으며, 전시경제의 운영이 계속되면서 재벌이 경제에서 차지하는 비중은 오히려 확대되었다. 일본 재벌은 '가족-본사-직계기업-관계회사'로 이어지는 수직적 소유 지배구조에 기반했고, 각 계열회사는 상호출자를 통하여 폐쇄적인 집단구조를 형성하였다. 본사에 대한 가족의 지배권은 확고하게 유지되었는데, 예를 들어 미쓰이(三井) 재벌 본사에 대한 가족의 지분 비율은 63.6%, 미쓰비시(三菱) 재벌의 경우 47.8%, 스미토모(住友)는 83.3%, 야스다(安田)는 100%에 이르렀다. 계열회사는 중공업·경공업·금융업 등 전 산업에 진출했고, 특히 금융회사를 계열회사로 둠으로써 재벌은 내부적인 자금조달방식을 확립하고 있었다. 제2차 세계대전 종전 당시, 불입자본금 기준으로 3대 재벌인 미쓰이·미쓰비시·스미토모가 일본 산업 전체 자본의 22.9%를 차지하고 있었다.[9]

제2차 세계대전 종전 후, 분권화된 경제시스템을 확립하고 군국주의의 부활을 방지하기 위해, 미 군정은 극도의 경제력집중을 이루고 있던 재벌을 해체하고 재벌의 재등장을 구조적으로 방지하는 법 제도를 확립하는 개혁을 전개했다.[10] 당시 재벌 해체는 지주회사정리위원회(持株會社整理委員會, Holding Company Liquidation Commission)라는 기구가 주도하였는데, 우선 동족에 의한 기업집단의 지배력을 물적·인

8 동족은 총수일가 또는 가문과 동일한 의미이다.

9 宮島英昭, 「財閥解體」, 法政大學産業研究センター 編, 『日本經濟の發展と企業集團』(東京大學出版會, 1992).

10 E. M. Hadley, *Antitrust in Japan* (Princeton, NJ: Princeton University Press, 1970), p. 496.

적으로 배제하는 방안이 추진되었다. 물적으로 보면, 동족이 보유한 총자산의 85%가 재산세로 징수되었고, 유가증권 등은 지주회사정리위원회에 양도되었다. 인적으로는 동족이 재벌에 속한 계열회사의 경영에 임직원으로 참여할 수 없도록 하였다. 이와 더불어, 지주회사를 해체하면서 재벌 내 계열회사 간의 주식보유를 제한했고, 각 계열회사의 주식소유를 분산하는 조치가 추진되었다.[11]

아울러 재벌의 재등장을 방지하는 동시에 개별 재벌에 소속되어 있던 거대기업을 분할하기 위한 조치가 추가되었다. 이는 특히 1947년 12월에 제정된 '과도경제력집중배제법(過度經濟力集中排除法)'에 근거하여 실행되었는데, 최종적으로는 맨 처음에 분할 대상으로 지목된 범위보다는 줄어든 총 13개사가 분할되었다. 또한 1947년 4월에 미국의 반독점 관련법을 종합한 독점금지법(私的獨占の禁止及び公正取引の確保に關する法律을 줄여서 獨占禁止法이라고 부름)을 제정했는데, 경쟁법과 관련된 일반적인 규제 외에도, 경제력집중에 대한 규제로서 지주회사의 금지(제9조), 사업회사의 타 회사 주식보유 원칙적 금지(제10조), 금융회사의 주식보유 제한(제11조) 등의 규정을 두었다. 이와 같은 규정은 재벌의 부활을 방지하려는 입법 목적을 구체화한 것으로 볼 수 있다.[12]

그러나 일본의 재벌 해체는 원래 의도했던 것만큼 철저히 이루어지지는 않았다. 특히 재벌에 속해 있던 거대기업의 분할이 상당히 축소된 범위로 진행됨으로써, 이후 경제력집중 규제가 완화되면서 이들

11 권오승, 「일본의 재벌해체와 그것이 한국재벌정책에 주는 교훈」, 『서울대학교 법학』 제41권 제4호(2001), 197면 이하 참조.

12 後藤晃·領村與太郎 編, 『日本の競爭政策』(東京大學出版會, 1998), 23면 이하 참조.

거대기업을 중심으로 과거 재벌에 속해 있던 기업들이 상호 주식보유를 통해 연결되는 '계열' 방식의 대기업집단이 다시 형성되기 시작했다. 특히 독점금지법 제10조가 규정한 사업회사의 주식보유에 대한 규제 완화가 크게 영향을 미쳤는데, 당초 계열회사 간 주식보유를 금지하였다가 1949년에 경쟁회사 이외의 회사에 대한 주식취득을 허용하는 개정이 이루어졌고, 1953년에는 일정한 거래 분야에서 경쟁을 실질적으로 제한하는 경우에만 타 회사 주식취득을 금지하도록 법이 개정되었다. 이로 인해 주식의 상호취득에 의한 계열의 형성이 가능해진 것이다. 따라서 제2차 세계대전 이전의 재벌은 동족에 의하여 지배되는 본사를 정점으로 하는 수직적 피라미드 구조에 기초하고 있었던 것에 반해, 전후에 등장한 계열은 대개 상호 주식보유를 통한 수평적인 제휴로서의 의미가 강하다.[13]

그런데 1970년대 중반 물가가 폭등하자 계열화된 기업집단 구조가 주요 원인으로 지목되면서, 1977년 독점금지법의 개정을 통하여 대규모회사의 주식보유총액을 제한하는 규정이 추가되었다.[14] 이처럼 규제가 강화되자 이에 대한 반론이 제기되었는데, 무엇보다 일본의 경제력집중 수준이 다른 선진 산업국가에 비하여 실제적으로 높지 않다는 분석이 제기되었다.[15] 결국, 1997년 독점금지법 개정에 의하여, 과거

13 下谷政弘, 『日本の系列とグループ』(有斐閣, 1996), 219-222면 참조.

14 後藤晃·領村與太郎 編, 『日本の競爭政策』(東京大學出版會, 1998), 235면.

15 예를 들어, 1992년 기준으로 일본의 6대 기업집단의 전체 매출액 비중은 18.37%이고, 개별 기업을 대상으로 할 경우 제조업을 영위하는 100대 기업의 비중은 26.29% 수준으로 조사되었는데, 이는 100대 기업을 대상으로 하여 1980년에 48.1%였던 미국, 1977년에 46.3%였던 영국, 1972년에 54.6%였던 독일, 1975년에 54.6%였던 프랑스에 비하여 결코 높은 수준이 아니었다. 後藤晃·領村與太郎 編, 『日本の競爭政策』(東

지주회사(순수지주회사) 설립과 전환을 일률적으로 금지하던 것에서 사업지배력이 과도하게 집중되는 지주회사(순수지주회사)의 설립과 전환만 금지하는 것으로 지주회사 규제가 변경되었다. 그러나 제9조의2에 규정된 대규모 회사 주식보유의 총액제한은 유지되었다.[16]

2) 사업지배력 집중에 대한 규제[17]

궁극적으로 일본은 2002년 독점금지법 개정을 통해, 1977년 개정으로 도입된 타 회사 주식보유의 총액제한과 1997년 개정된 지주회사의 규제를 폐지하고, 사업지배력의 과도한 집중을 억제하는 규제체계를 정립하였다.

보다 구체적으로 살펴보면, 2002년 개정된 독점금지법 제9조 제1항 및 제2항은 다른 국내회사의 주식을 보유함으로써 사업지배력이 과도하게 집중되는 회사를 설립하거나 전환하는 행위를 금지하였다.[18] 사업지배력이 과도하게 집중되고 있는지 여부는 회사, 자회사 및 이들이 주식소유에 의하여 사업활동을 지배하고 있는 회사를 대상으로 종

京大學出版會, 1998), 238-239면.

16 동 규제는 자본액이 350억 엔 이상이거나 순자산액이 1,400억 엔 이상인 대규모 회사가 다른 국내회사의 주식을 자본액 또는 순자산액 중 많은 액수를 기준으로 이를 초과하여 소유 내지 취득하는 것을 금지하는 것이다.

17 박상인 외 3인, 「경제력집중 억제시책의 개선방안 연구」, 공정거래위원회 연구용역, 2006의 일부 내용을 기초로 작성하였다.

18 동 규정의 해석상 사업지배력이 과도하게 집중되는 것 자체를 금지하는 엄격한 태도를 전제하지만, 이미 사업지배력이 과도하게 집중되어 있는 회사그룹(기업집단)에 대한 규제 근거는 명문으로 규정되어 있지 않다.

합적으로 판단한다. 따라서 회사, 자회사, 실질자회사[19]의 관계로 구성된 일련의 기업집단들이 사업지배력 집중 규제 대상이 되는 것인데,[20] 실질자회사로 간주하는 규정에 의하여 피라미드 형태뿐만 아니라 네트워크적인 중층관계에 따른 주식소유도 규제 대상에 포섭되는 것으로 이해된다.

한국의 공정거래위원회 격인 일본의 공정취인위원회(公正取引委員會)는 '사업지배력 규제지침'을 통해 법 제9조 제3항이 상정하고 있는 과도한 사업지배력 집중의 세 가지 유형에 관한 기준을 구체적으로 제시하고 있다. 사업지배력 규제지침에서 규정하는 과도한 사업지배력 집중의 제1유형은 '일련의 회사그룹(기업집단)의 종합적 규모가 크고, 그룹에 속한 개별 회사가 상당수의 주요 사업 분야에서 대규모 회사에 해당하는 경우'를 말한다. 이 유형에서 '회사그룹의 규모가 큰 것'은 총자산액의 합계액이 15조 엔을 초과하는 것을 의미한다. 총자산액은 그룹 내 회사 상호 간의 출자 및 채권·채무에 있어서 이중 계산된 부분을 제하고 합계한 자산의 총액을 말하며, 이때 그룹 내의 금융회사(은행업, 보험업 또는 증권업을 영위하는 회사) 자산액은 총자산액으로부터 제외한다. '상당수의 주요 사업 분야'에서 '주요 사업 분야'는 일본표준산

19 동법 제9조 제4항은 회사 및 자회사들에 의한 보유뿐만 아니라, 자회사들만으로 총주주 의결권의 과반수를 보유하고 있는 경우에도 당해 피보유회사를 자회사로 간주하는 규정을 두고 있는데, 이를 실질자회사라고 부른다.

20 공정취인위원회는 동법 제9조를 구체화하기 위하여 사업지배력 규제지침(事業支配力が過渡に集中することなる會社の考え方)을 제정하였는데, 이에 의하면 자회사는 회사가 총주주 의결권의 과반수를 보유하고 있는 다른 국내회사를 말하며, 실질자회사는 회사의 의결권 보유비율(자회사가 보유하는 지분을 포함)이 25% 초과 50% 이하이고 또한 의결권 보유비율이 최고인(동률인 경우는 제외) 다른 국내회사를 말한다 [지침 1. (1)].

업분류의 세 자릿수 분류 중 매출액이 6천억 엔을 초과하는 업종을 의미하며, '상당수'는 다섯 개 이상 사업 분야를 의미한다.[21] '대규모 회사'는 당해 회사의 자산액이 3천억 엔을 초과하는 회사를 의미한다. 한편, 당해 회사가 속하는 사업 분야는 당해 회사가 영위하는 주요 사업이 속한 사업 분야로 정한다.

사업지배력 규제지침이 정하고 있는 제2유형은 '대규모 금융회사가 금융 또는 금융과 밀접히 관련된 업무를 영위하는 회사 이외의 대규모 회사를 보유하고 있는 경우'를 말한다. 이때 '대규모 금융회사'는 자산총액이 15조 엔을 초과하는 금융회사를 의미한다. '금융 또는 금융과 밀접히 관련되는 업무를 영위하는 회사'는 은행업 또는 보험업 기타 공정취인위원회 규칙에서 정하는 회사를 의미하며, '대규모 회사'는 제1유형에서와 같이 자산총액이 3천억 엔을 초과하는 회사를 말한다.

사업지배력 규제지침이 규정하고 있는 제3유형은 '상호관련성이 있는 상당수의 주요 사업 분야에 유력한 회사를 두고 있는 경우'를 말한다. 사업 분야의 '상호관련성'은 개별 사업 분야의 실제 거래의존도 및 선택 상황을 고려하여 합리적으로 판단하며, 다음과 같은 경우에는 상호관련성이 있는 것으로 평가한다. 우선, 재화 및 서비스를 공급하는 사업 분야 간에 밀접한 거래 관계가 있는 경우에 상호관련성이 있

21 다만, 두 자릿수 분류로 동일 또는 유사한 업종에 속하고 진입규제가 행해지고 있는 범위나 사업활동의 실태를 고려하여 동일한 사업내용으로 볼 수 있는 경우에는 동일한 사업 분야로 평가한다. 이에 관하여 사업지배력 규제지침은 (1) 제지품 제조업, 제지용기 제조업, 기타 펄프, 종이, 종이가공품 제조업, (2) 전자계산기·부속품장치 제조업과 전자부품·디바이스 제조업, (3) 국내전기통신업(유선방송전화업을 제외)과 국제전기통신업 등의 경우를 예로 들고 있다.

는데, 제품과 원재료 또는 제품과 그 생산설비기구 등의 관계에 있는 경우가 이에 해당한다.[22] 또한 '상호관련성'은 보완·대체관계가 있는 경우에도 인정될 수 있다. 즉, 이용자가 복수의 재화 및 서비스를 결합하여 소비하거나 선택적으로 이용하는 등, 이용자 측면에서 볼 때 각 사업 분야에서 제공하는 재화 및 서비스가 보완 또는 대체관계에 있는 경우에는 상호관련성이 있다고 본다.[23] '상당수'의 주요 사업 분야는 다섯 개 이상의 주요 사업 분야를 의미하지만, 규모가 극히 큰 사업 분야에 속하는 유력한 회사를 보유하고 있는 경우에는 회사의 유력성 정도에 따라서 세 개 이상의 주요 사업 분야도 이에 해당할 수 있다. '주요 사업 분야'의 의미는 첫 번째 유형의 기준과 동일하고, '유력한 회사'는 당해 사업 분야에 있어서 매출액의 점유율이 10% 이상인 회사를 의미한다. 다만, 동일한 사업 분야에 속하는 복수의 회사를 보유하고 있는 회사그룹의 경우, 이러한 사업 분야에 속한 회사의 유력성 정도를 판

22 사업지배력 규제지침은, (1) 일반토목건축공사업과 시멘트·동제품 제조업, 고로(高炉)에 의한 제철업, 건물매매업, 토지매매업, 각종 상품 도매업, 일반산업용 기계·장치 제조업, 사무용·서비스용·민생용 기계기구 제조업, 건설용·건축용 금속제품 제조업(판금업 포함) 등의 관계, (2) 자동차·동부속품 제조업과 고로에 의한 제철업, 전자부품·디바이스 제조업, 타이어·튜브 제조업, 플라스틱판·봉·관·이음새·이형압출제품 제조업, 유리·동제품 제조업, 각종 상품 도매업 등의 관계, (3) 선박제조·수리업, 선용기관 제조업 및 외항해운업의 관계, (4) 전기업과 석유정제업의 관계, (5) 은행업, 증권업, 생명보험업, 신용카드업 및 할부금융업, 대금업, 손해보험업의 관계를 예로 들고 있다(지침 〈별표 2〉).

23 이에 관하여 사업지배력 규제지침은, (1) 국내전기통신업(유선방송전화업 제외)과 통신기계기구·동관련 기계기구 제조업의 관계, (2) 은행업, 증권업, 생명보험업, 신용카드업 및 할부금융업, 대금업, 손해보험업의 관계, (3) 영화관과 영화 비디오 제작 및 배급업의 관계, (4) 소프트웨어업과 전자계산기·동부속장치 제조업의 관계, (5) 광고대리업과 신문업·민간방송업(유선방송업을 제외)의 관계를 예로 들고 있다(지침 〈별표 3〉).

단할 때는 개개 회사의 당해 사업 분야 점유율, 매출액 순위 등의 요소 외에도, 동일한 사업 분야에 속한 동일 그룹 내의 회사 전체를 대상으로 하여 앞서 제시한 기준을 함께 고려한다.

사업지배력 규제지침은 사업지배력이 과도하게 집중하지 않는 회사의 예를 네 가지로 유형화하여 제시하고 있다. 첫째, 회사가 현재 영업 중인 사업 부문을 자회사로 만들고, 당해 자회사의 주식을 100% 소유하고 있는 경우에는 사업지배력이 과도하게 집중되는 회사로 보지 않는다. 다만, 이는 설립 당시부터 100% 소유를 계속하고 있는 경우에 한정한다. 둘째, 회사가 증권거래법(證券去來法) 제2조 제14항에서 규정하는 증권거래소에 상장되어 있지 않고, 또한 동법 제75조 제1항의 매장매매 유가증권등록 원부에 등록되어 있지 않은 주식을 발행한 주식회사 중에서 자본액이 5억 엔 이하이고, 전 사업연도에 시험연구비 및 법인세시행령 제14조 제1항 제5호에 규정된 개발비의 합계액이 수입금액(총 수입금액으로부터 고정자산 또는 법인세법 제2조 제22호에 규정된 유가증권 양도에 따른 수입금액을 공제한 금액)에 대한 비율 3%를 초과하거나 또는 설립일 이후 1년을 경과하지 아니하며, 상근 연구자의 수가 2인 이상이고, 당해 연구자의 수가 상근하는 임원 및 종업원 합계의 10%를 초과하고 있는 회사에 대한 출자를 업무로 하고 있는 벤처캐피털인 경우에는 사업지배력이 과도하게 집중되는 회사로 보지 않는다. 셋째, 금융회사가 다른 업종의 금융회사를 신규로 설립하는 방식으로 진입하는 경우에는 사업지배력이 과도하게 집중되는 회사로 보지 않는다. 넷째, 회사와 자회사의 총자산을 합계한 액수가 6천억 엔 이하인 경우에는 사업지배력이 과도하게 집중되는 회사로 보지 않는다.

3) 잃어버린 20년과 일본 대기업집단의 소유지배구조 변화

앞서 살펴보았듯이, 경제력집중 규제가 독점금지법 제정 당시보다 상당히 완화되면서, 일본에서는 과거 재벌에 속해 있던 은행이나 보험회사와 다른 기업들 사이에, 또는 기업들 사이에 상호출자(cross-shareholding)를 기반으로 하는 계열(系列, 게이레츠)이라는 대기업집단이 다시 형성되기 시작했다. 그러나 주로 1960년대 후반에 형성된 이러한 상호출자는 1990년대 중반 이후부터 해소되기 시작했다. 〈표 5-1〉에서 볼 수 있듯이, 한국의 '내부지분율'[24] 개념에 상응하는 일본의 '안정주주(安定株主) 지분율'이 1990년대 중반부터 급속히 줄어들었는데, 1990년대 초에는 45%였다가 2002년에는 27.1%로 급격히 하락했다. 이와 동시에 외국인과 개인의 지분율이 증가하면서 일본의 기업 소유지배구조는 다양하게 바뀌었다.

1990년대 중반 이후에 상호출자가 상당히 해소된 것은 (1) 비금융기업이 계열사인 은행 주식을 매각했거나 (2) 은행이 계열사인 비금융기업의 주식을 매각했기 때문이다. 그런데 Miyajima and Kuroki (2007)의 연구에 따르면, 자본시장 접근이 용이하고 은행 위기 이전에 외국인 보유지분율이 높았던 고이윤 기업(profitable firm)들은 상호출자를 해소했고, 반대로 자본시장 접근이 용이하지 않고 은행 위기 이전에 외국인 지분이 낮았던 저이윤 기업들은 은행과의 상호출자를 유지

24 내부지분율은 그룹 총수(동일인), 총수의 친인척과 계열사 임직원 그리고 계열사들이 보유한 지분과 자사주 지분을 합한 주식 비율로서, 총수가 사실상 통제하는 지분율을 의미한다.

표 5-1. 안정주주 지분율(1987~2002년)

연도 (년)	기업 수 (개)	기업가치 (조 엔)	안정주주 지분율 (비중, %)	(변화분)	은행 (비중, %)	(변화분)	보험회사 (비중, %)	(변화분)	비금융회사 (비중, %)	(변화분)
1987	1,924	433	45.8		14.9		16.4		14.4	
1988	1,975	517	45.7	▲0.10	15.6	0.70	16.6	0.20	13.3	▲1.10
1989	2,031	500	44.9	▲0.80	15.6	0.00	15.7	▲0.90	13.4	0.10
1990	2,078	450	45.6	0.70	15.7	0.10	15.8	0.10	14.0	0.60
1991	2,107	326	45.6	0.00	15.6	▲0.10	16.2	0.40	13.7	▲0.30
1992	2,120	328	45.7	0.10	15.6	0.00	16.2	0.00	13.8	0.10
1993	2,161	367	45.2	▲0.50	15.4	▲0.20	15.8	▲0.40	14.0	0.20
1994	2,214	311	44.9	▲0.30	15.4	0.00	15.7	▲0.10	13.7	▲0.30
1995	2,279	393	43.4	▲1.50	15.0	▲0.40	14.7	▲1.00	13.5	▲0.20
1996	2,341	355	42.1	▲1.30	15.1	0.10	14.7	0.00	12.2	▲1.30
1997	2,389	308	40.5	▲1.60	14.8	▲0.30	14.1	▲0.60	11.6	▲0.60
1998	2,433	331	39.9	▲0.60	13.7	▲1.10	13.0	▲1.10	13.2	1.60
1999	2,487	463	37.9	▲2.00	11.3	▲2.40	10.6	▲2.40	15.9	2.70
2000	2,602	368	33.0	▲4.90	9.8	▲1.50	10.9	0.30	12.3	▲3.60
2001	2,668	313	30.2	▲2.80	8.7	▲1.10	10.1	▲0.80	11.4	▲0.90
2002	2,674	237	27.1	▲3.10	7.7	▲1.00	9.3	▲0.80	10.0	▲1.40

출처: H. Miyajima and F. Kuroki, "Unwinding of cross-shareholding in Japan: Causes, effects, and implications," M. Aoki, G. Jackson, and H. Miyajima (Eds.), *Corporate Governance in Japan: Institutional Change and Organizational Diversity* (New York: Oxford University Press, 2007), Table 3.1을 번역함.

하는 경향이 있었다.

그러나 1997년 은행 위기 이후, 특히 1999년 이후에 은행들은 유동성이 높고 고수익이 기대되는 기업들의 주식은 팔고 장기적인 관계를 유지해 오던 기업들의 주식은 계속 보유했다. 이러한 은행의 행위는 기업 거버넌스를 약화시키고 자신의 금융자산 포트폴리오를 악화시키는 결과를 초래했다. 이는 일본 경제성장기에 은행이 기업의 부채와 주식을 동시에 보유함으로써 기업 모니터링을 개선하고 자산 대체 문제를 완화함으로써 기업의 성과를 높였다는 평가[25]와 상반되는 현상

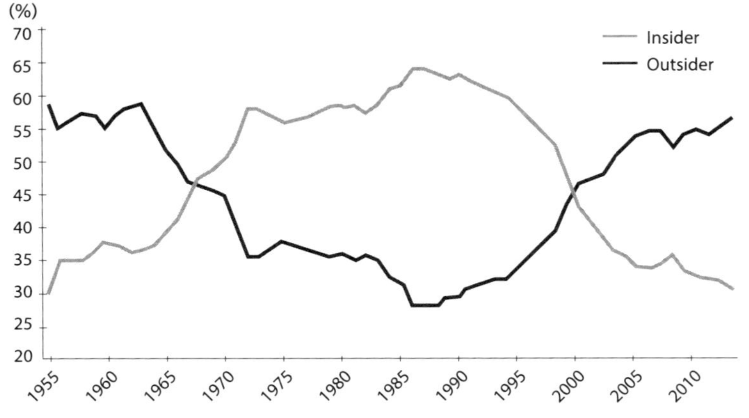

그림 5-2. 일본 기업의 안정지분율 추이(1955~2010년)

주: Insider는 안정지분율, Outsider는 외국인 투자자, 개인, 뮤추얼펀드, 연금신탁 등의 지분율 합계임. 원자료는 도쿄증권거래소의 지분소유 서베이(Share Ownership Survey)임.

출처: H. Miyajima and T. Saito, "Corporate Governance Reforms under Abenomics: The Economic Consequences of Two Codes," T. Hoshi and P. Lipscy (Eds.), *The Political Economy of the Abe Government and Abenomics Reforms* (New York: Cambridge University Press, 2021), Figure 1.

이 나타났음을 보여 준다. 결국 은행들은 부실채권을 줄이기 위해 보유 주식을 매각하게 되었고,[26] 이는 상호출자의 해소로 연결되었다. 〈표 5-1〉에서 볼 수 있듯이, 이런 안정주주 지분율의 하락은 안정주주를 구성하는 은행, 보험회사, 비금융기업 중에서 은행의 지분율이 급격히 감소한 결과였다.

25 Y. Yafeh and O. Yosha, "Large Shareholders and Banks: Who Monitors and How?" *The Economic Journal*, vol. 113, no. 484 (2003), pp. 128-146.

26 보험회사들도 은행들과 유사한 행태를 보였다.

그러나 2005년 이후에 외국 기관투자자의 지분 확대는 정체되고 오히려 상호출자가 다시 형성되기 시작했다.[27] 이는 외국 기관투자자의 지분 확대로 주주 행동주의(shareholder activism)와 적대적 인수합병(hostile takeovers)이 활발해지자, 이에 대항하기 위해 상호출자가 다시 강화된 것이다. 특히 2001년에 자사주 매입에 대한 제한이 없어진 이후로 기업들은 상호출자를 강화하고 경영권 보호를 위해 자사주를 대량으로 매입하기 시작했다.[28] 그러나 〈그림 5-2〉에서 볼 수 있듯이, 이런 흐름은 다시 반전되고 있는 실정이다.

3. 반경제력집중법의 비교사적 평가

반경제력집중법 제정을 통한 이스라엘의 재벌개혁은, 대공황기에 뉴딜 정책을 통해 전개했던 미국의 재벌 해체와 제2차 세계대전 이후 일본 재벌의 해체 등에 대한 비교사적 연구와 이스라엘 현실에 대한 진단을 기초로 기획되고 진행된 것이었다.

2013년 반경제력집중법은 미국이 뉴딜 기간에 입법한 공공유틸리티산업지주회사법(PUHCA)과 은산분리를 명시한 1957년 은행지주회사법(Bank Holding Company Act)의 영향을 받았다고 평가된다. 공공유틸리티산업지주회사법은 전기·가스 등 공공유틸리티산업에서 상장

27 H. Miyajima, T. Hoda, and R. Ogawa, "Ownership, Control and Commitment: The Case of Japan since the Late 20th Century," Working Paper (2014).

28 J. Franks, C. Mayer, H. Miyajima, and R. Ogawa, "Stock Repurchaes and Corporate Control: Evidence from Japan" (Mimeo, 2018).

된 지주회사는 오직 한 산업 분야에서만 영업할 수 있고, 상장된 자회사에 출자할 수 있으나 이 자회사의 다른 상장회사에 대한 출자는 금지하는 방식으로 상장기업 2층 구조만 가질 수 있도록 출자단계를 직접적으로 제한하였다. 반면, 이스라엘의 반경제력집중법은 상장회사 2층 구조 출자규제를 도입했으나 산업 분야에 대한 제한은 없었고, 대신에 공공유틸리티산업을 포함한 전 산업의 모든 기업집단에 적용했다. 한편, 반경제력집중법은 은산분리보다 더 포괄적인 금산분리를 규정하고 있다는 점에서 미국의 은행지주회사법과 차이가 있으나, 구조적 금산분리 규제를 주요 금융회사와 주요 실물회사에만 적용한다는 점에서는 미국에 비해 규제가 완화된 측면도 있다. 이런 차이점에도 불구하고, 이스라엘의 반경제력집중법은 직접적인 출자규제를 통해 경제력집중 해소와 구조적인 금산분리를 실현하고자 했다는 점에서, 법 제정 과정에서 미국의 공공유틸리티산업지주회사법과 은행지주회사법을 상당히 참고하였을 것으로 추론된다.

그러나 미국에서는 뉴딜 기간을 거치면서 사실상 기업집단이 해체된 것과 달리, 제4장에서 논의했듯이 2020년 이스라엘에서는 여전히 총수가 지배하는 기업집단들이 존재한다. 다만, 이 기업집단들은 상장회사 2층 구조에 금융 또는 비금융 부문에만 집중된 사업영역을 가지고 있고, 반경제력집중법 시행 이전보다 개별 기업집단의 규모가 상당히 감소해 경제력집중의 우려가 사실상 해소되었다.[29]

실제로 반경제력집중법은 기업집단의 완전한 해체와 기업집단을

29 A. Hamdani, K. Kosenko, and Y. Yafeh, "Pyramidal Business Groups and Regulation: Evidence the United States, Japan, Korea and Israel," Working Paper (2019).

실질적으로 지배하는 총수일가의 배제 자체를 목표로 삼았다고 볼 수는 없다. 이에 대한 근거는 다름 아닌 반경제력집중법 자체에 있다. 제3장에서 상세히 논의했듯이, 반경제력집중법은 경제력집중이 다시 발생하는 것을 방지하기 위해서 경제력집중완화위원회를 설치하고 국공유자산에 관한 권리를 할당할 때 경제력집중에 미치는 영향을 평가하도록 하고 있으며, 제4장에서 살펴보았듯이 이를 주관하는 이스라엘 경쟁당국은 매우 활발한 활동을 전개 중이다. 이 장 제1절에서 논의했듯이, 미국은 뉴딜 기간에 대기업집단의 절반 정도만이 이른바 총수일가가 있는 기업집단이었고, 전문경영인에 의한 경영도 상당히 진행되고 있었다. 이에 반해 이스라엘이 반경제력집중법을 제정할 당시 대부분의 이스라엘 대기업집단은 특정 가문에 의해 지배되고 있었고, 1990년대 이후 민영화가 이뤄지면서 전문경영인에 의한 경영의 경험도 일천했다. 따라서 이스라엘 정부가 미국처럼 기업집단 자체를 해체하고 사실상 자연인인 지배주주가 없는 상장기업들로 바꾸는 것을 개혁의 최종 목적으로 삼지 않은 것은 개혁 당시 기업집단의 소유지배구조나 전문경영인에 의한 경영 가능성 등에 대한 현실적인 평가가 그 기저에 있었음을 추론할 수 있다.[30]

이스라엘의 재벌개혁은 제2차 세계대전 종전 이후 일본이 전개해 온 대기업집단 규제의 변천과도 대비된다. 제2절에서 논의했듯이, 미 군정은 일본 재벌의 해체를 추진하면서, 동족(총수일가)에 의한 기업집단의 물적·인적 지배를 배제하였고, 재벌의 재결성을 막기 위한

30 이는 개혁을 실제로 담당했던 사람들과의 인터뷰에서 저자가 확인할 수 있었다.

규제들을 독점금지법에 도입했다. 그러나 미 군정 이후에 출자금지 규제들이 완화되기 시작했고, 1960년대 이후에는 기업 간 상호출자에 기반한 '계열'이라는 대기업집단이 다시 출현했다. 재벌과 계열은 대기업집단이라는 공통점을 지니나, 재벌과 달리 계열은 총수일가에 해당하는 동족이 더 이상 존재하지 않는다는 차이점이 있다. 계열에 의한 경제력집중 문제가 불거지자 일본은 1977년 독점금지법에 타 회사 주식보유의 총액제한에 대한 규제를 도입했고, 2002년 독점금지법 개정을 통해서는 타 회사 주식보유의 총액제한과 지주회사 규제를 폐지하는 대신에, 사업지배력의 과도한 집중을 규제하는 체계를 정립하였다. 재벌의 재현을 방지하기 위해 만들었던 출자규제를 완화한 이후에 '계열'이라는 대기업집단이 출현했으나, 이에 대해 일본은 이스라엘 개혁과 달리 경제력집중의 해소보다는 현상 유지를 위한 규제 위주로 대응한 것이다.

이에 반해 미국에서는 기업집단 해체에 핵심적인 역할을 했던 공공유틸리티산업지주회사법과 투자회사법이 아직도 유효하다. 이에 더해 소수주주에 대한 보호 강화와 사후적 민사소송의 실효성 증대로 인해 기업들은 자회사의 지분을 100%로 유지하고 있다. 따라서 기업지배구조 관점에서 볼 때, 미국에는 기업집단이 사실상 존재하지 않는 것이다.

한편, 일본이 2002년 독점금지법 개정으로 도입한 사업지배력의 과도한 집중에 대한 규제는 앞서 살펴본 바와 같이 세 가지 유형을 가지고 있는데, 제1유형은 경제력집중의 확대를 막는 규제이고, 제2유형은 대규모 금융회사의 비금융회사 보유에 대한 규제로 금산분리의 한 종류라고 볼 수 있으며, 제3유형은 경제력집중을 이용해 상호 관련된 분야에 지배력 전이가 일어나는 레버리지를 억제하기 위한 것이라고 볼 수 있다. 2002년 개정 전후로 일본 경제가 장기침체에 들어가고 기업 간 상호출자가 해소되었다가 다시 형성되는 변화가 나타나기도 하였으나, 경제력집중이 더 강화되는 현상은 보고되지 않고 있다. 따라서 일본 경쟁당국이 이 규제를 실제로 적용한 사례도 매우 드문 것이 현실이다.

이에 반해 이스라엘은 현재 경제력집중의 재발을 방지하기 위해 반경제력집중법을 통한 국공유자산의 할당에 대한 규제에 초점을 두고 있다는 점에서 일본과 대비된다. 이는 반경제력집중법 시행 이후 경제력집중 우려가 상당히 해소되고 실효성 있는 금산분리가 달성되었기 때문이라고 판단된다. 그러나 일본의 경험을 고려해 볼 때, 이스라엘도 반경제력집중법의 출자규제를 완화하게 된다면 경제력집중이 다시 심각해질 가능성이 있다.

제6장

한국의 재벌개혁에 대한 함의

앞서 살펴본 이스라엘, 미국, 일본의 사례를 보면, 경제력집중의 문제는 국가 경제의 절대적 크기와 무관하게 발생하고, 이에 대한 효과적인 정책적 대응은 출자구조에 대한 규율이라는 점을 알 수 있다. 물론 구체적인 정책 목표와 내용은 해당 국가의 경제·사회적 맥락에 따라 최적화되어야 한다는 교훈도 잊지 말아야 한다. 이 장에서는 2013년 이스라엘 반경제력집중법 제정 과정과 내용이 한국 재벌개혁에 주는 정책적 시사점을 고찰함으로써 이 글을 마무리하고자 한다.

1. 한국 재벌 규제의 변천

한국은 1960년대 이후 정부주도-재벌중심의 경제발전 전략을 통해 전 세계적으로 유례없는 경제성장을 달성했다. 그러나 이런 재벌중심의 발전전략이 지속되면서 재벌의 경제력집중이라는 문제점이 나타나기 시작했으며, 결국 1986년에 독점금지및공정거래에관한법률(이하 '공정거래법') 제1차 개정에서 대기업집단 규제가 도입되기에 이르렀다. 그러나 이후 35년간, 재벌의 경제력집중은 오히려 심화되어, 재벌의 사회적·정치적·경제적 영향력의 확대와 이로 인한 황제경영, 편법적 세습, 일감 몰아주기를 통한 사익편취 등의 문제가 지속적으로 발생하고 있다. 산업적 관점에서 보면, 재벌의 내부거래와 부실 계열사에 대한 지원은 시장에서 진입과 퇴출의 장벽을 높이고 공정한 경쟁의 기회를 박탈함으로써 중간재 산업에서 혁신이 제대로 일어나지 못하는 원인이 되고 있다.[1] 거시적으로는 재벌의 경제력집중 심화로 경제 전반의 시스템 리스크가 증가하고 있다.

1) 재벌 규제의 도입

1986년 공정거래법 제1차 개정 시에 도입된 경제력집중을 억제하기 위한 규제는 당시 일본의 독점금지법상의 경제력집중 규제를 참고한 것이었는데, 지주회사의 설립 및 전환을 금지하고, 대기업집단(동일인이 사실상 그 사업내용을 지배하는 두 개 이상의 회사 집단)의 개념을 도입하였다. 이러한 기업집단 소속 회사에 대하여 (1) 계열회사 간 상호출자를 금지하며, (2) 자기 순자산의 40%를 초과하여 국내 다른 회사의 주식을 취득할 수 없도록 하고, (3) 금융·보험사가 취득 또는 소유 중인 국내 계열회사 주식의 의결권 행사를 금지하였다.

또한 1992년 제3차 법 개정을 통하여 계열회사 간 채무보증을 자기 자본의 200% 이내로 제한하는 채무보증제한제도를 신규로 도입했다. 1997년 경제위기를 겪고 난 후 제6차 법 개정에서는 차입경영을 통한 무리한 기업확장이 기업집단 소속회사들의 동반부실화로 인한 연쇄도산을 초래하였다는 인식에 따라 채무보증을 전면금지하였다.

1 박상인, 『왜 지금 재벌개혁인가?』(미래를 소유한 사람들, 2017a).

1986년 제1차 법 개정에서 도입된 네 가지 규제 중에서 가장 이목을 끈 것은, 자기 순자산의 40%를 초과하여 국내 다른 회사의 주식을 취득할 수 없도록 한 출자총액제한제도였다. 상호출자를 금지했음에도 간접적 상호출자인 순환출자에 대해서는 이를 명시적으로 금지하는 규제가 없었고 또 채무보증이 제한되거나 금지됨에 따라 외부차입에 의한 기업집단의 확장에 제한이 있었기 때문에, 재벌들의 경제력집중 억제에 가장 유력한 규제가 출자총액제한제도였다. 따라서 이후에 경제력집중 규제 완화의 초점은 출자총액제한제도의 완화에 맞춰졌다.

출자총액제한제도를 처음 도입했을 때 출자총액제한 한도는 순자산의 40%로 규정되어 있었고, 다만 산업합리화나 유상증자, 담보권 실행 등의 경우에는 예외가 인정되었다. 이후 법 개정으로 1995년 4월부터는 순자산의 25%로 한도가 낮아졌다. 그런데 시간이 지나면서 출자총액제한제도의 예외 인정 범위가 몇 차례 확대되었고, 심지어 1997년 경제위기 직후인 1998년부터 2000년 사이에는 출자총액제한제도가 폐지되기도 하였다. 출자총액제한제도가 폐지되었다가 다시 도입된 이후에도 재계의 지속적인 요구로 예외사유와 적용제외 사항들이 늘어났는데, 특히 2007년에는 대규모 기업집단[2]으로 지정된 그

2 공정거래위원회는 매년 대통령령으로 정한 일정 규모 이상의 기업집단을 상호출자금지, 채무보증제한 등의 규제를 받는 대기업집단으로 지정하여 공표하고 있다. 2007년에는 자산규모가 2조 원 이상인 62개 기업집단이 상호출자·채무보증제한기업집단으로 지정되었고, 그중 자산규모가 10조 원 이상인 11개 기업집단만이 출자총액제한기업집단으로 지정되었다. 또 2007년 7월부터 개정된 시행령에 따라 출자총액제한기업집단 소속 399개사 중 자산이 2조 원 이상인 27개사에 대해서만 출자총액제한제도가 적용되었다.

룹 중에서도 자산총액이 10조 원 이상인 기업집단에 소속된 회사 중 자산이 2조 원 이상인 회사를 규제 적용 대상으로 규정함으로써 출자총액제한제도의 적용을 받는 기업의 수가 크게 줄어들었다. 게다가 출자한도도 25%에서 40%로 상향함으로써 제도가 거의 유명무실해졌다. 결국 출자총액제한제도는 규제 실효성이 사라진 데다 기업의 투자 활성화를 위해서는 공시제도와 사후 규제를 강화하는 것이 바람직하다는 판단에 따라 2009년 3월 공식적으로 폐지되었다.

2) 경제력집중 규제에서 기업 거버넌스 규제로 전환

경제력집중 규제 중심의 재벌정책은 2003년 12월 31일에 발표된 『시장개혁 3개년 로드맵』과 그에 따른 후속 조치로 2004년 12월 및 2005년 3월에 이루어진 공정거래법 및 그 시행령의 개정으로 분기점을 맞았다. 『시장개혁 3개년 로드맵』은 대기업집단 정책의 초점을 기업 거버넌스 개선과 지주회사제도 도입에 두고, 이를 위한 구체적 집행계획을 제시했다.[3]

우선, 기업집단 소유지배구조에 관한 정보공개 정책의 일환으로서, 계열사 및 총수일가의 지분보유관계, 기업별·기업집단별 의결권승수[4] 및 소유지배괴리도[5]를 매년 공개하고, 대기업집단에 소속된 비상장·비등록 기업의 공시의무를 강화하였다. 그리고 소유지배괴리도 개

3 재정경제부·공정거래위원회, 『시장개혁 3개년 로드맵』(2003. 12. 31.).

4 의결권승수는 의결권(voting right)을 배당청구권(cash flow right)으로 나눈 값을 의미한다.

5 소유지배괴리도는 의결권에서 배당청구권을 뺀 값을 의미한다.

선의 구체적 정책 목표로 의결권승수를 2003년 말 기준 자산 5조 원 이상 민간기업집단 기준으로[6] 6.1 수준에서 2006년까지 3.0으로 줄이는 목표치를 제시하였다.

이와 함께, 출자총액제한제도의 각종 예외제한을 보완하고 소유지배구조의 개선 및 투명경영을 유도할 수 있는 다양한 졸업기준을 마련하였다. 2004년, 2005년의 법과 시행령 개정에서는 네 가지 출자총액제한규정 졸업제도를 도입하여, 기업집단 차원에서 소유지배괴리도가 25% 이하이고 의결권승수가 3배 이하인 기업집단과 계열사 수가 다섯 개 이하이고 출자구조가 2단계 이하인 기업집단을 지정 제외하고, 계열회사 차원에서 지주회사·자회사 및 사업관련 손자회사와 서면투표제, 집중투표제, 내부거래위원회, 사외이사후보추천위원회·자문단 중 세 가지 이상을 설치·운영하는 회사를 적용 면제하였다. 한편, 2005년부터는 출자총액제한 기업집단의 자산기준을 5조 원에서 6조 원으로 상향 조정하였다.[7]

6 2002년의 법 개정에서는 규제대상을 일괄적으로 자산순위 30대 기업집단으로 하던 것을 세부정책에 따라서 상호출자제한 및 채무보증제한 대상은 자산규모 2조 이상으로 출자총액제한 대상은 5조 이상으로 전환하였다.

7 대기업집단 지정 기준을 좀 더 살펴보면, 2008년부터는 공정거래법 시행령의 개정으로 자산총액의 합계액이 5조 원 이상인 기업집단이 상호출자제한기업집단으로 지정되었고(개정 전에는 2조 원), 2016년 9월에는 시행령이 다시 개정되어 상호출자제한기업집단 지정 기준이 자산규모 10조 원 이상으로 바뀌었으며 공기업은 대규모 기업집단 지정 대상에서 제외되었다. 2017년 7월에는 5조 원 이상인 기업집단을 '공시대상기업집단'으로 지정하여, 10조 원 이상인 상호출자제한기업집단과 더불어 경쟁당국이 소속회사 등에 대하여 자료 제출을 요청할 수 있게 하고, 해당 기업집단으로 하여금 소유지배구조 등과 관련된 주요 사항을 공시하도록 규정하였다. 그리고 2020년 공정거래법 전부개정으로 상호출자제한기업집단 지정 기준을 자산규모 10조 원이 아니라 GDP의 0.5%로 개편했다.

한편, 1999년 제8차 공정거래법 개정에서는 지주회사를 활용하면 기업 구조조정에 유리하고 단순·투명한 기업구조를 갖추게 되어 경쟁력 강화에 유리하다는 인식하에, 종래 금지되던 지주회사의 설립·전환을 허용하였다.[8] 이는 1997년에 일본이 독점금지법을 개정하여 지주회사의 설립·전환을 허용한 데 영향을 받은 것이기도 했다. 지주회사는 주식소유를 통하여 국내 회사의 사업내용을 지배하는 것을 주된 사업으로 하는 회사로, 다른 사업활동을 영위하지 않고 주식소유를 통한 다른 회사의 지배만 목적으로 하는 순수지주회사와 생산·판매 등 다른 사업활동을 영위하면서 동시에 주식소유를 다른 회사를 통해 지배하는 사업지주회사로 구분된다. 현행 공정거래법은 이 둘을 구분하지 않고 자산총액이 5천억 원 이상인 회사가 자회사를 소유하면서 자회사의 주식 가액의 합계액이 해당 회사 자산총액의 50% 이상이면 지주회사로 지정한다.

공정거래법은 지주회사를 통한 경제력집중을 방지하기 위해서, 지주회사의 부채비율 제한, 비계열회사주식 소유 제한, 자회사 외의 계열회사 주식소유 금지, 금융지주회사의 비금융회사주식 소유 금지 및 일반지주회사의 금융회사주식 소유 금지 등의 행위 제한규정을 두었다. 또한 지주회사가 자회사 주식의 30%(비상장 자회사는 50%) 이상을 보유하도록 했으며, 자회사는 사업 연관성이 있는 손자회사의 지분을 100% 보유할 경우에 예외적으로 손자회사를 둘 수 있도록 하였다.

그러나 2007년에 노무현 정부는 지주회사의 설립 및 전환을 촉진

8 이하의 내용은 김주현, 「한국 재벌의 비주력 업종 진출 요인에 관한 연구」(서울대학교 행정대학원 박사학위논문, 2019)의 일부를 수정 및 보완한 것이다.

하고 재벌의 단순·투명한 소유지배구조 정착을 유도한다는 목적하에, 지주회사 행위 제한 규정을 대폭 완화하였다. 지주회사의 부채비율 한도가 100%에서 200%까지 상향 조정되었으며, 자회사가 상장회사일 경우에는 30%, 비상장회사일 경우에는 50% 이상의 지분을 의무적으로 보유하도록 했던 규정도 각각 20%와 40%로 완화되었다. 또 자회사와 손자회사 간 사업 관련성 요건이 폐지되었으며, 손자회사 주식보유기준도 지주회사의 자회사 주식 보유 수준(상장회사 20%, 비상장회사 40%)으로 완화되었고, 손자회사는 100% 지분 보유 시 증손회사도 거느릴 수 있게 허용되었다. 지주회사 체제의 경제력집중 억제 규제를 대폭 완화한 것이다.

결국, 1999년 지주회사 설립 허용 이후 몇 년간 지주회사 설립과 전환은 미미한 수준이었으나, 지주회사 전환 유도를 위한 2007년 규제 완화 이후 지주회사의 수가 본격적으로 늘어나기 시작하였다. 공정거래위원회에 따르면, 공정거래법상 일반지주회사(금융지주회사 제외)는 22개(2005. 8.) → 27개(2006. 8.) → 36개(2007. 8.)로 매년 조금씩 증가하다가 2007년 8월부터 2008년 9월 사이에 19개사가 지주회사로 신규 전환하는 등 지주회사의 수가 대폭 증가하였고, 대기업집단 중 지주회사 체제로 전환한 기업집단의 수도 꾸준히 늘어나고 있다.[9]

그러나 지주회사가 증가하는 추세 속에서도 완화된 행위 제한 규제와 그 밖의 여러 제도적 허점 때문에 지주회사제도 도입 당시 기대

9 현행 공정거래법상 지주회사는 일정 조건을 충족하면 강제로 지정되기 때문에 기업집단 내에 지주회사가 있지만 그 회사가 소유지배구조의 정점에 있지 않은 경우도 많다. 때문에 공정거래위원회는 지주회사 및 소속회사의 자산총액 합계액이 기업집단 소속 전체회사 자산총액의 50% 이상일 경우 '지주회사 전환집단'으로 정의한다.

했던 기업집단 소유지배구조 개선 효과에 비해 지주회사를 이용한 총수일가의 과도한 지배력 확대 등과 같은 부작용이 커지고 있다.[10] 경제력집중 문제의 차원에서 분석범위를 지주회사 체제로 전환한 대기업집단으로 좁혀 보면, 자회사의 수는 2006년 39개였다가 2019년 250개로 6.4배 늘어난 것에 비해 손자회사는 2006년 24개에서 2019년 443개로 약 18.4배 증가하였다. 그리고 2007년 11월 이후 허용된 증손회사도 그 수가 점차 늘어나 2008년 1개였던 것이 2019년에는 65개에 달하였다. 공정거래위원회에 따르면, 자회사 증가는 대부분 지주회사 신규 편입에 따른 통계상 효과이며 기존 지주회사가 자회사를 새로 설립하거나 인수하는 사례는 미미한 반면, 손자회사는 주로 자회사가 신규 설립·인수하여 늘어난 것이었다.[11]

미국의 지주회사들이 거의 대부분 자회사에 대해 100% 지분을 확보하는 것과 달리 한국의 지주회사들은 2019년 일반지주회사 기준 평균적으로 자회사에 대해 상장회사의 경우 40.1%, 비상장회사의 경우 85.5%의 지분을 확보하고 있는 것으로 파악된다. 그리고 지주회사 체제 밖에 다수의 계열사를 거느리고 있는 기형적인 형태를 가진 기업집단도 여럿 존재한다.[12] 2019년 공정거래위원회가 분석한 결과, 총수

10 김주현·박상인, 「지주회사 체제로의 전환이 기업지배구조와 내부거래에 미치는 영향」, 『경제학연구』 제69집 제2호(2021), 29-64면을 참고하라.

11 공정거래위원회, 보도자료 「지주회사 수익구조 실태조사 결과」(2018. 7. 4.) 7면.

12 이 중 절반 가까이에 해당하는 47.6%(81개)가 현행 공정거래법상 총수일가 사익편취 규제 대상 회사에 해당하는 것으로 나타났다. 실제로 지주회사 체제 밖에 있는 기업들은 매출을 내부거래에 의존하는 경우가 많았다. 대표적으로 GS그룹의 총수일가 4세 경영인들이 지분을 보유한 보헌개발의 경우 2018년 매출액 16억 3,500만 원 중 15억 6,700만 원을 내부거래로 거둬들였다. 효성그룹의 신동진은 조현준 회장 형제가 100%를 보유한 회사로, 2018년 매출 193억 원 중 75억 원이 내부거래를 통한 것이

가 있는 21개의 일반지주회사 전환집단의 경우 총 170개(평균 8.1개)의 계열사가 지주회사 체제 밖에 있는 것으로 집계되었다. 그리고 이들 전환집단 계열사 중 지주회사 체제 밖에 있으면서 총수일가 사익편취 규제[13]대상인 81개 회사 중 소위 '옥상옥'의 형태로 지주회사의 지분을 보유하고 있는 기업은 9개이며, 총수 2세 지분이 20% 이상인 기업은 그중 6개에 해당하였다.[14]

지주회사에 대한 규제는 2020년 공정거래법 전부개정으로 다시 한번 전환점을 맞았다. 일반지주회사의 기업형벤처캐피털(Corporate Venture Capital) 소유를 허용하는 제20조(일반지주회사의 금융회사 주식 소유 제한에 관한 특례)가 신설됨으로써, 지주회사 규제의 근간 중 하나인 금산분리 원칙에 예외가 도입되었다. 기업형벤처캐피털 자체는 지주회사의 100% 자회사로 설립되나, 기업형벤처캐피털이 투자조합(fund)을 구성할 때 자신이 소속된 기업집단 소속회사가 아닌 자가 출자금 총액의 100분의 40 이내에서 출자를 할 수 있으므로, 결국 외부 자금을 조달해 투자하는 금융기능을 가지게 되었다. 또한 기업형벤처캐피털이 결성한 투자조합에 계열사들이 출자할 수 있도록 함으로써, 사실상 지주회사 출자단계 규제가 무력화되었다. 나아가 투자에 성공

었다.

13 총수일가 사익편취 규제란 자산규모가 5조 원 이상인 재벌에 소속된 회사가 총수일가 또는 총수일가가 일정한 비율 이상의 주식을 보유한 계열회사에 일감을 몰아주는 등의 방식으로 총수일가에 부당한 이익을 귀속시키는 행위를 금지하는 규제를 말한다(현행 공정거래법 제23조의2, 2021년 12월에 시행되는 전부개정 법률에서는 제47조). 총수일가가 자신의 지배력을 이용하여 계열사의 자원을 이동시켜 사익을 편취하는 것(터널링)을 금지하는 것이므로 흔히 '총수일가 사익편취 규제'라고 부른다.

14 공정거래위원회, 보도자료 「2019년 지주회사 현황 분석 결과」(2019. 11. 12.).

한 벤처기업을 총수일가(특수관계인) 및 이들이 투자한 회사에 직접 매각하는 것은 금지되었으나, 중간에 페이퍼컴퍼니를 끼워 넣어 사실상 총수일가나 총수일가가 투자한 회사에 매각하는 것은 막기 어렵다. 따라서 투자의 위험은 기업형벤처캐피털이 부담하고, 성공의 과실은 총수일가가 챙기는 새로운 유형의 사익편취가 일어날 수 있게 되었다.

한편, 2020년 공정거래법 전부개정으로, 기존 지주회사가 벤처지주회사를 자회사 또는 손자회사 단계에서 설립하는 경우에는 벤처지주회사의 자회사 지분보유특례를 적용하게 되었는데(동법 제18조 제4항 제5호), 이로써 벤처지주회사가 손자회사로 설립되면 증손회사도 자회사 지분율 규제를 받게 되어 사실상 4층 구조의 지주회사체계가 가능하게 되었다.[15] 따라서 2020년 공정거래법 전부개정으로 인해 지주회사 규제는 무력화되는 수순에 접어들었다고 평가된다.

3) 총수일가 사익편취 금지제도

경제력집중이 심화됨에 따라, 일감 몰아주기 같은 내부거래로 총수일가에게 과다한 경제상 이익을 제공하여 편법적인 경영권 세습에 악용하는 경우가 빈번하게 나타났다.[16] 이에 대해 부정적 여론이 고조됨에 따라, 총수일가의 사익편취를 규제하는 공정거래법 제23조의2 조항이 2013년 국회를 통과하여 2014년 2월 14일부터 시행되었다.[17] 입법 논

15 100% 자회사는 출자 층수 계산에서 제외하는 것이 기업 지배구조 연구에서 일반적이다.

16 박상인, 『벌거벗은 재벌님』(창해, 2012) 참고.

17 현행 공정거래법 제23조의2는 공시대상기업집단에 속하는 계열사가 총수일가나 총수일가가 일정 비율 이상의 주식을 보유한 계열사(상장사 30%, 비상장사 20%)와 정

의 초기에는 부당지원행위(법 제23조 제1항 제7호)가 공정거래법 제5장의 불공정거래행위 유형 중 하나로 규정됨으로써 일어났던 공정거래저해성 요건 입증문제를 반복하지 않기 위해 총수일가 사익편취 금지조항을 경제력집중을 다루는 공정거래법 제3장에 설치하는 안이 심의되었다. 그러나 입법 논의 과정에서 계열사 간 내부거래를 통한 효율성 증대의 결과로 형성되는 경제력집중까지 규제 대상이 되어서는 안 된다는 의견이 제기되면서 몇 차례 논의 끝에 결국 공정거래법 제5장의 제목을 '불공정거래행위의 금지'에서 '불공정거래행위 및 특수관계인에 대한 부당한 이익제공의 금지'로 변경하고 불공정거래행위들을 열거한 제23조와는 별도로 제23조의2를 새로 만들어 총수일가 사익편취 금지제도를 규정하게 되었다.

그런데 제23조의2가 "다음 각 호의 어느 하나에 해당하는 행위를 통하여 특수관계인에게 부당한 이익을 귀속시키는 행위를 하여서는 아니 된다"라고 규정함으로써 '부당한 이익'의 해석을 둘러싼 논란이 대한항공 사건[18]에 대한 고등법원 판결로 다시 제기되었다. 즉, 이 사건에서 고등법원은 총수일가 사익편취 금지 규정을 적용할 때도 부당지원행위 규제와 마찬가지로 부당성 요건이 충족되어야 하며, 다만 그

상적인 거래 조건보다 상당히 유리한 조건으로 거래하는 행위, 상당히 유리한 사업기회를 제공하는 행위, 특수관계인과 현금이나 그 밖의 금융상품을 상당히 유리한 조건으로 거래하는 행위, 합리적 고려나 비교 없이 상당한 규모로 거래하는 행위 등을 금지하고 있다. 다만, 기업의 효율성, 보안성, 긴급성으로 인해 불가피한 경우에는 예외적으로 허용된다(동법 제2항). 그리고 금지되는 행위에 해당할 우려가 있음에도 지원을 받는 행위도 금지하며(제3항), 특수관계인이 이러한 행위를 하도록 지시하거나 관여하는 것도 금지하고 있다(제4항).

18 공정거래위원회 의결 제2017-009호, 2017. 1. 10.

판단 기준은 기존 부당지원행위 규제의 공정거래저해성이 아닌 경제력집중이어야 하는데 공정거래위원회가 이러한 부당성 입증에 실패하였다고 보아 결국 공정거래위원회의 패소를 선고하였다.

이와 더불어, 기업들의 제23조의2 적용 회피 문제가 계속 제기되어 왔다. 이 규정이 도입되었을 때 총수일가의 보유지분이 상장기업은 30%, 비상장기업은 20% 이상인 계열사에 대한 지원행위가 있으면 규제 대상이 되었다. 그런데 제도 시행 이후 많은 기업이 내부거래 규모를 줄이거나 지원행위를 중단하는 대신 규제 기준이 되는 지분율 밑으로 총수일가 지분율을 살짝 낮추는 방식으로 규제를 회피하였다. 예를 들어, 현대자동차그룹의 상장계열사인 현대글로비스와 이노션은 제도 시행 이후 총수일가 지분율을 각각 29.99%로 낮추어 규제를 회피하고 있다. 또 지원을 받는 회사를 다른 계열사의 자회사로 편입시키거나, 새로 자회사를 설립한 후 그 자회사에 일감을 몰아주는 등의 방식으로 총수일가 사익편취 규제를 회피하는 회사들도 있다. 예를 들어, 삼성물산은 규제를 회피하고자 삼성웰스토리를 100% 자회사로 (물적)분할했다.

이에 따라 2020년 공정거래법 전부개정 시에 총수일가 사익편취 금지규제 대상이 되는 계열사의 총수일가 지분율 기준을 현행 상장회사 30%, 비상장회사 20%에서 상장·비상장 구분 없이 20%로 일원화하고, 이들 기업이 50%를 초과하는 지분을 보유하고 있는 자회사도 규제 대상에 포함시켰다. 그러나 이러한 개정안은 총수일가가 간접지분율을 포함한 실질지분율이 높은 계열사를 이용하여 다른 계열사들로부터 부당한 이익을 취득하는 터널링 행위를 근본적으로 규제하는데 여전히 한계가 있을 뿐 아니라, 대한항공 사건에서 불거졌던 부당성 요건 입증 문제를 해소하지 못하고 있다.

2. 한국과 이스라엘의 유사점과 차이점

제2장에서 논의했듯이, 이스라엘의 경우에는 금융-비금융 복합재벌의 등장과 경제력집중에 대한 우려가 제기된 시점에서 정부가 주도적으로 개혁을 단행했다. 즉, 이스라엘에서는 경제력집중의 폐해가 본격화되기 직전에 재벌개혁이 이루어졌다고 볼 수 있다. 한국의 경우 1986년 공정거래법 제1차 개정으로 재벌의 경제력집중에 대한 규제가 처음 도입되었다. 이 무렵에 정부 관료를 중심으로 경제력집중의 폐해가 인지되기 시작했다고 본다면, 2010년 이스라엘 재벌의 경제력집중 정도는 1980년 후반 한국 재벌의 경제력집중 수준과 유사했을 것이라는 유추도 해 볼 수 있다.[19]

그러나 이스라엘과 달리, 한국은 1986년에 대기업집단에 대한 규제를 도입한 이후에도, 대기업집단으로의 경제력집중이 더 심화되었다. 제1절에서 살펴봤듯이, 재벌 규제는 도입 이후 많은 변화를 겪었지만, 재벌의 경제력집중과 총수일가의 사익편취 문제는 더욱 심각해져만 갔다. 대기업집단에 속한 계열사의 수는, 1998~2000년 사이에 경제위기로 인한 구조조정을 겪으면서 일시적으로 급격히 감소했던 시기를 제외하면, 전반적으로 꾸준히 증가하고 있다. 특히 1987~2019

19 이에 대한 상세한 논의는 박상인, 「이스라엘 경제력집중법의 한국 재벌개혁에 대한 함의」, 『한국경제포럼』 제10권 제3호(2017b), 1-32면을 참고하라.

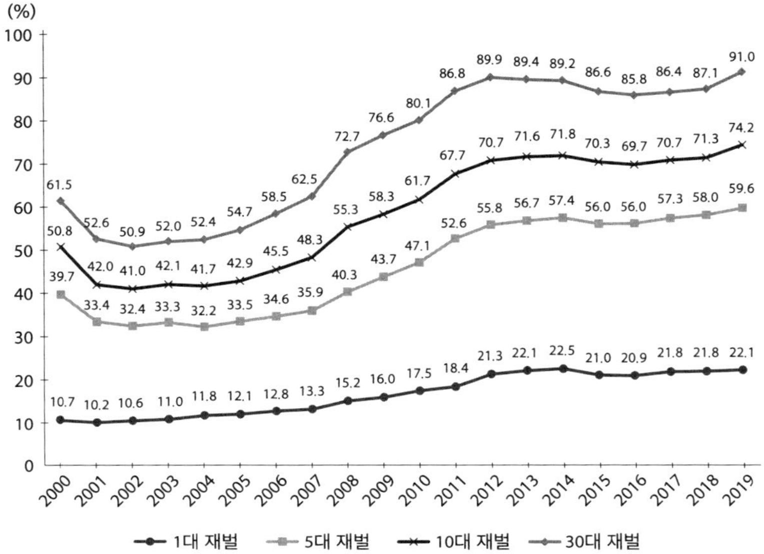

그림 6-1. GDP 대비 재벌의 자산총액(2000~2019년)

출처: 재벌의 연도별 자산총액 자료는 공정거래위원회; 연도별 명목 GDP 자료는 한국은행.

년의 약 30년간 삼성, 현대(계열분리 후 2001년부터 현대차), SK(舊 선경), LG(舊 럭키금성) 네 개 기업집단은 거의 계속 5위 안에 포함되었다.[20] 대우는 1980~1990년대에 계속 5대 기업집단 안에 들어 있었으나 1999년에 그룹이 해체되었고, 롯데는 2005년 이후 현재까지 거의 매년 5대 기업집단에 포함되었다. 그리고 2000년 현대그룹의 계열분

20 장세진, 『외환위기와 한국 기업집단의 변화: 재벌의 흥망』(박영사, 2003); 조동성, 『한국재벌연구』(매일경제신문사, 1990); 최정표, 『한국재벌사연구』(도서출판 해남, 2014) 등을 참고하라.

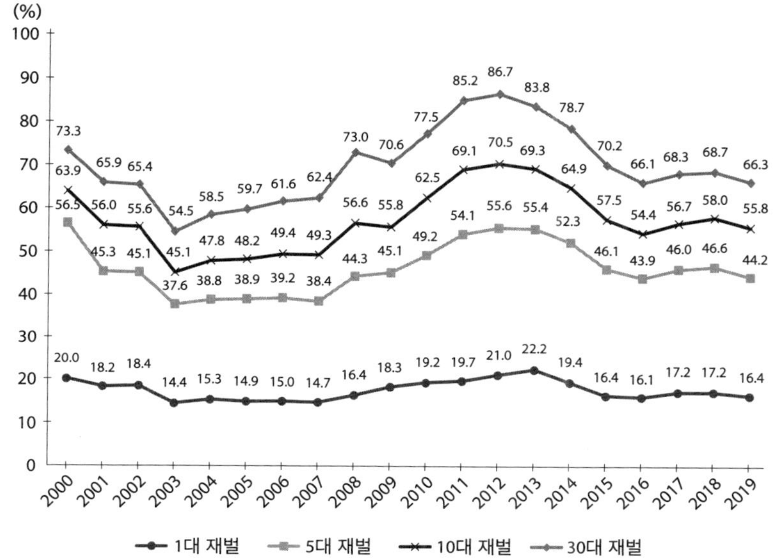

그림 6-2. GDP 대비 재벌의 매출액(2000~2019년)

출처: 재벌의 연도별 매출액 자료는 공정거래위원회; 연도별 명목 GDP 자료는 한국은행.

리 이후 현대그룹과 삼성그룹의 순위가 바뀐 이후로는 5대 재벌의 순위에 큰 차이가 나타나지 않는다. 이와 같이 상위 대규모 기업집단의 구성과 순위에 변동성이 거의 없다는 사실은 상위 재벌의 경제력집중이 갈수록 공고화되고 있다는 추정을 뒷받침해 준다고 볼 수 있다.

〈그림 6-1〉은 2000년부터 2019년까지 재벌의 GDP 대비 자산총액을, 그리고 〈그림 6-2〉는 재벌의 GDP 대비 매출액을 보여 준다. 한국 경제에서 재벌의 비중은 경제위기 이후인 2000년대 초반부터 증가하다가 2010년대 초반에 정점을 찍었다. 이후에 GDP 대비 자산총액은 2017년 이후 다시 증가세로 돌아섰으나, GDP 대비 매출액은 2016

년 이후 일정 수준을 유지하고 있다.

경제력집중은 이러한 몇 가지 지표를 통해 간접적으로 확인할 수 있으나, 보다 직접적 증거들로 쉽게 입증할 수 있다. 미국의 진보적 운동이 우려했던 경제력집중은 결국 민주적 통제를 벗어난 경제권력의 탄생을 의미하는 것으로 해석할 수 있는데, 한국 재벌이 정치계·관계·법조계·언론계·학계 등에 미치는 영향력의 오남용 사례들은 재벌 총수일가가 이미 경제권력이 되었음을 보여 준다.[21] 사실 현재 한국과 2010년 당시 이스라엘의 차이는 경제력집중의 폐해를 보여주는 직접적 증거에서 결정적으로 드러난다.[22] 다시 말하자면, 현시점에서 한국 재벌의 경제력집중은 2010년 이스라엘의 경우보다 훨씬 심각할 수 있다는 것이다. 이는 재벌개혁의 필요성이 더 절박함을 의미하기도 하지만, 다른 한편으로는 그만큼 개혁이 쉽지 않음을 의미하기도 한다.

21 박상인, 『벌거벗은 재벌님』(창해, 2012).

22 최근에는 박근혜·최순실 국정농단 사건에서 특별검사팀이 압수한 전 삼성그룹 미래전략실 차장 장충기의 휴대전화 문자들에서 경제권력이 된 재벌의 실상이 일부 공개되었다. 일부 언론에 공개된 바에 의하면, 장충기에게 언론사 전현직 간부, 전직 검찰총장 등이 청탁 문자를 보내고 국가정보원과 청와대 고위 관계자가 정보 보고를 한 정황이 드러났다. 또한 장충기가 감사원과 MBC 인사에도 개입한 정황이 포착되기도 했다. 삼성 재벌의 대관업무를 담당했던 장충기의 문자는 삼성 재벌의 정치계·관계·법조계·언론계 등에 미치는 영향력과 사회지도층과의 검은 유착을 여실히 보여주는 것으로, 경제력집중의 직접적인 증거이기도 하다.

3. 2013년 이스라엘 개혁의 함의

1) 정책 목표와 수단

재벌문제의 심각성은 2017년 대선에서 핵심 정치 의제로 분출되었다. 그러나 앞서 살펴봤듯이, 21대 국회에서 통과된 2020년 공정거래법 전부개정 법안은 재벌의 경제력집중을 해소하고 총수일가 사익편취를 근절하기에는 역부족이다. 재벌의 경제력집중을 해소하고 총수일가의 사익편취를 막기 위하여 현행 지주회사 지정 제도의 개선방안과 나아가 대기업집단의 소유지배구조 개선을 위한 근본적인 대안을 생각해 보아야 할 때이다. 이를 위해서는 2010년 이스라엘의 재벌개혁 사례를 응용해 한국 상황에 적용하는 방안을 살펴볼 필요가 있다.

앞서 논의했듯이, 이스라엘 개혁은 재벌해체가 아닌 경제력집중의 해소와 사익편취 방지를 목적으로 했다. 이스라엘 재벌개혁의 수단은 단순한 소유지배구조로의 전환과 기업 거버넌스 규제의 최소화를 통해 실행 가능성과 효과성을 최대화하는 것이라고 할 수 있다. 일본의 경우 제2차 세계대전 이후 직접적인 인적·물적 청산을 통한 재벌해체를 추진했으나 미 군정 이후에 오히려 규제가 퇴행했다는 점과, 현 시점 한국 재벌의 경제력집중은 2010년 이스라엘의 경우보다 훨씬 심각하여 그만큼 개혁이 쉽지 않다는 점 등을 고려하면, 지속가능한 정책 목표와 실행 방안을 숙고할 필요가 있다. 따라서 과거 일본처럼 재벌해체보다는 이스라엘처럼 재벌의 경제력집중을 해소한다는 목표하에서, 소유지배구조에 대한 구조적 개혁과 기업 거버넌스 규제의 조합을 어떻게 추구하는 것이 한국의 실정에 가장 적합할 것인가에 대한 고민이 필요하다. 이하에서는 2016년 한국의 상황에서 이스라엘식의 개혁 가능성을 논의한 박상인[23]의 연구를 좀 더 업데이트해 2020년 상황에서 재검토해 보기로 한다.

첫째, 경제력집중의 해소를 위해서는 기업집단 출자규제를 단일화·단순화할 필요가 있다. 보다 구체적으로 살펴보면, 지주회사제도 도입 당시의 입법취지를 살려 계열사(출자계열사)로부터 출자받은 계열사(피출자계열사)는 다른 계열사에 출자를 금지해서 출자를 2층 구조로 제한하되, 100% 출자는 출자단계 계산에서 제외하는 방안을 생각해 볼 수 있다. 이 경우에 지주회사 규제와 순환출자 규제를 별도로 둘 필요도 없고, 규제회피 문제도 없어진다. 경제 규모나 기업 수 등을 고려할 때, 이스라엘의 경우와 달리 이런 출자규제는 4대 재벌, 상호출자제한기업집단, 공시대상기업집단 순으로 순차적으로 적용할 수 있는데, 이렇게 함으로써 정책의 수용성을 높일 수 있다. 또한 이럴 경우에 외부차입으로 경제력집중을 심화시킬 가능성을 차단하기 위해서 지주회사에 해당되는 출자계열사에만 부채비율 상한을 규제하면 될 것이다.

2층 구조로 출자단계를 제약할 때, 인적분할 방식으로 지주회사를 설립·전환 시 총수일가가 실질적인 추가 출자 없이도 그룹 지배력을 높이는 수단이 된 소위 '자사주의 마법'을 금지할지, 아니면 2층 구조로 전환하는 기간 내에는 한시적으로 허용할지도 중요하게 고려해 볼 사항이다. 자사주에는 의결권이 없지만, 자사주를 보유한 회사가

23 박상인, 「이스라엘 경제력집중법의 한국 재벌개혁에 대한 함의」, 『한국경제포럼』 제10권 제3호(2017b), 1-32면.

인적분할 방식으로 지주회사를 설립·전환할 때 이사회 의결을 통해 자사주를 지주회사에 배정할 수 있다. 이 경우, 분할된 사업자회사 (의결권 있는) 신주가 과거 자사주 지분만큼 지주회사에 배정되어, 지주회사가 분할된 사업자회사의 의결권을 행사하게 되는 것을 소위 '자사주의 마법'이라고 한다. 이후에 지주회사가 사업자회사에 대한 지분 의무보유율을 채우기 위해 신주를 발행해서 사업자회사의 주식과 교환하게 되는데, 이때 총수일가는 자신이 보유하던 사업자회사 주식과 지주회사 신주를 교환함으로써 양도소득세 과세이연의 혜택을 받고 동시에 지주회사에 대한 지배력을 강화시킬 수 있으며, 지주회사는 총수일가가 보유하고 있던 사업자회사 지분을 추가로 확보하여 사업자회사를 안정적으로 지배하게 된다. 이런 '자사주의 마법'이 허용된다면, 재벌들의 소유지배구조를 2층 구조로 전환하는 데 매우 요긴하게 사용될 수 있으므로, 정책의 수용성이 높을 수 있다. 그 대신 경제력집중의 해소라는 정책 효과성이 담보되지 않을 수 있다. 따라서 자사주의 마법을 허용할 경우에, 일본의 사업지배력 규제나 이스라엘 반경제력집중법의 국공유자산 할당 규제를 참고해 사업영역에 대한 제한 및 매각 명령 등을 동시에 검토할 필요가 있다.

이에 반해 자사주의 마법을 금지하면,[24] 현 수준의 계열사회사들을 유지한 상태에서 지주회사 2층 구조로 전환하기가 쉽지 않은 재벌들이 생길 수 있다. 따라서 정책의 수용성이 떨어질 수 있으나, 경제력집중 해소라는 정책 효과성은 담보될 수 있다. 정책의 수용성을 높이기 위

24 자사주의 마법을 금지하기 위해서는, 상법 개정으로 기업분할을 통한 지주회사 전환 시 자사주에 대한 주식배정을 금지하거나 자사주를 소각하도록 하면 된다.

해서 자사주의 마법을 금지할 경우에는, 3층 출자구조를 예외적으로 허용하되 이스라엘 경쟁력강화위원회의 최종보고서에서처럼 손자회사(피출자회사의 피출자회사)의 사업영역을 제한하고 이사의 1/2 이상을 MoM 규칙을 적용해 선출하도록 하는 방안을 생각해 볼 수 있다.

둘째, 지주회사 규제에서 엄격히 적용되는 구조적 금산분리를 완화해, '주요 금융회사(그룹)'와 '주요 실물회사(그룹)'를 동시에 지배하는 것은 금지하되, 그 밖의 복합금융그룹에는 통합감독체계를 적용하는 방안도 고려할 만하다. 주요 회사(그룹)에 대한 정의는 이스라엘의 개혁 사례를 참고해 국내 실정에 맞게 조정할 수 있을 것이다.

셋째, 경제력집중의 재발생을 방지하기 위한 대책도 필요하다. 이를 위해서 일본의 사업지배력 규제나 이스라엘 반경제력집중법의 국공유자산 할당 규제를 참고해 우리 맥락에 적합한 규제를 만들어야 한다. 그러나 가장 중요한 것은 출자규제에 대한 내용이 완화되어서는 안 된다는 점이다. 과거 일본과 한국이 경험했던 경제력집중 규제의 실패를 반면교사로 삼아야 한다.

재벌의 경제력집중을 해소한다고 하더라도, 여전히 총수일가의 사익편취 가능성과 유인은 남는다. 최근 이스라엘이나 인도의 사례에서 알 수 있듯이,[25] 재벌 총수일가의 사익편취를 방지하기 위해서는 공

25 이미 인도에서는 일정 규모 이상의 내부거래에 대해 상장규칙과 상법으로, 이스라엘에서는 총수일가가 받는 임원 보수 등을 포함한 사익편취 행위에 대해 상법에서 MoM 규칙으로 규율하고 있다. 보다 상세한 논의는 N. Li, "Do greater shareholder voting rights reduce expropriation?" Evidence from Related Party Transactions, Columbia University Ph.D. Thesis(2018)와 J. M. Fried, E. Kamar, and Y. Yafeh, "The effect of minority veto rights on controller pay tunneling," *Journal of Financial Economics,* vol. 138, no. 3 (2020), pp. 777-788을 참고하라.

정거래법보다는 상법이나 상장규칙의 개정을 통해 MoM 규칙을 도입하는 것이 더 효과적이다. MoM 규칙은 지배주주의 사익추구가 일어날 수 있는 내부거래, 계열사 간 인수 및 합병, 총수일가가 이사나 임원으로서 받는 보수 등을 주총에서 소수주주의 다수결로 동의를 받도록 하는 제도이다.[26]

2) 4대 재벌에 대한 적용

이제 보다 구체적으로 2020년 상황에서 이런 개혁의 적용 가능성을 살펴보자. 〈표 6-1〉은 2020년 기준 10대 재벌의 소유지배구조를, 그리고 〈표 6-2〉는 이들의 계열사 현황을 보여주고 있다. 10대 재벌 중에서 여섯 개 재벌이 주력회사가 지주회사인 지주회사 체제를 갖추고 있다. 그리고 현대차그룹만 아직 순환출자를 완전히 해소하지 않았다. 삼성그룹을 포함한 나머지 세 개 재벌은 순환출자는 없으나 지주회사 체제도 아닌 경우인데, 특히 삼성그룹과 한화그룹은 금융회사와 비금융회사를 동시에 보유하고 있어 지주회사 제도의 금산분리 규정 때문에 지주회사 체제로 전환을 하지 않고 있다고 판단된다. 한편, 한화그룹, 신세계그룹과 현대차그룹은 3세 승계가 아직 되지 않은 상태여서 머지않아 3세로의 승계와 연계된 소유지배구조 변화가 있을 것으로 예상된다.

26 기업합병의 경우는 주주총회 특별결의를 필요로 하기 때문에 주주 과반 출석에 2/3 이상 동의를 필요로 한다. 따라서 계열사 간 합병의 경우에는 소수주주 2/3 또는 3/5 동의제를 고려할 필요가 있다.

표 6-1. 2020년도 10대 재벌의 소유지배구조

순위	재벌	소유지배구조 유형	순환출자 고리수	지주회사인 주력회사
1	삼성	기타	-	
6	한화		-	
9	신세계		-	
2	현대자동차	순환출자	4	
3	SK	지주회사	-	SK
4	LG		-	LG
5	롯데		-	롯데지주
7	GS		-	GS
8	현대중공업		-	현대중공업지주
10	CJ		-	CJ

주: 순위는 공정자산 기준, 순환출자 고리수는 2020년 5월 기준임.
출처: 공정거래위원회.

〈표 6-2〉에서 볼 수 있듯이, 10대 재벌 중에서 네 개만이 금융·보험 계열사를 보유하고 있으며, 삼성그룹과 한화그룹만이 이스라엘식 기준으로 볼 때 주요 금융회사를 보유하고 있다. 이스라엘과 한국 재벌의 소유지배구조에서 가장 크게 다른 점은, 한국은 이미 은산분리와 지주회사 체제하에서 금산분리를 규제하고 있는 데 반해, 이스라엘 재벌은 금산복합 지주회사 체제로 형성되었다는 점이다. 한화그룹은 향후 3세 승계 과정에서 형제간의 계열분리로 자연스럽게 금산분리가 이뤄질 것으로 예상됨을 전제할 때, 결국 이스라엘식의 주요 금융회사와 주요 비금융회사의 분리 제도를 한국에 도입할 경우 삼성그룹에만 해당되는 문제라고 볼 수 있다.

이제, 4대 재벌에만 집중해서 이스라엘식의 경제력집중 해소 규제를 적용하는 경우를 좀 더 살펴보기로 한다. 먼저, 삼성그룹의 경우

표 6-2. 2020년도 10대 재벌 계열사 현황

순위(공정 자산 기준)	재벌	계열사 수(개, %)									자산총액(십억 원)		매출액(십억 원, %)			
		금융 구분				상장 구분				총 계열사 수						
		금융	비율	비금융	비율	상장	비율	비상장	비율		실물	금융	매출액	비금융 계열사 매출액	비금융 계열사 매출액 비중	GDP 대비 매출액 비중
1	삼성	16	(27.1)	43	(72.9)	16	(27.1)	43	(72.9)	59	364,726	438,183	314,512	253,856	6.1	16.4
2	현대자동차	5	(9.3)	49	(90.7)	12	(22.2)	42	(77.8)	54	224,834	64,902	185,315	178,816	4.3	9.7
3	SK	0	(0.0)	125	(100.0)	19	(15.2)	106	(84.8)	125	225,526	-	161,353	161,353	3.9	8.4
4	LG	0	(0.0)	70	(100.0)	13	(18.6)	57	(81.4)	70	136,967	-	122,238	122,238	3.0	6.4
5	롯데	3	(3.5)	83	(96.5)	10	(11.6)	76	(88.4)	86	120,126	9,029	65,271	64,139	1.5	3.4
6	한화	10	(11.6)	76	(88.4)	7	(8.1)	79	(91.9)	86	56,389	150,433	57,921	32,009	0.8	3.0
7	GS	0	(0.0)	69	(100.0)	7	(10.1)	62	(89.9)	69	66,753	-	62,404	62,404	1.5	3.3
8	현대중공업	0	(0.0)	30	(100.0)	6	(20.0)	24	(80.0)	30	62,863	-	47,877	47,877	1.2	2.5
9	신세계	0	(0.0)	41	(100.0)	7	(17.1)	34	(82.9)	41	44,088	-	29,243	29,243	0.7	1.5
10	CJ	1	(1.3)	76	(98.7)	8	(10.4)	69	(89.6)	77	34,523	15	24,038	24,032	0.6	1.3

주: 1. 계열사 수는 지정일 기준(2019. 5.)이며, 재무자료는 직전 사업연도 말 기준임(출처: 공정거래위원회).

2. 비금융계열사 매출액 비중은 국내 실물회사 총 매출액 중 재벌의 비금융계열사 매출액이 차지하는 비중이며, 국내 실물회사들의 총 매출액은 전 산업 중 정부 또는 개인사업자 비중이 높은 업종(공공행정·국방 및 사회보장행정업, 가구내 고용활동 등) 및 금융업, 비영리법인 등을 제외한 사업체의 매출액 합계임(출처: 한국은행).

3. GDP는 명목GDP임(출처: 한국은행).

는 주요 금융회사인 삼성생명의 분리가 주요 이슈이다(〈그림 6-3〉의 삼성 소유지분도 참고). 만약에 3세 승계 과정에서 삼성생명을 정점으로 하는 금융 계열사들을 계열분리한다면, 삼성전자를 인적분할한 후 신설 지주회사를 삼성물산과 합병함으로써 2단계 출자구조를 만드는 것은, 자사주의 마법이 허용된다면 과거 LG그룹과 SK그룹의 지주회사 전환 사례를 볼 때 그리 어려운 일이 아닐 것이다.[27] 그러나 자사주의 마법을 허용하지 않는다면, 삼성물산이 지주회사로서 사업회사인 삼성전자를 지배하는 것은 쉽지 않을 수 있다.

2층 구조의 출자회사-피출자회사 구조로 전환하는 것이 가장 쉽지 않은 재벌은 현대차그룹일 수 있다. 현대차그룹은 금융회사를 가지고 있으나, 주요 금융회사에 해당하지 않기 때문에 구조적 금산분리 문제는 없다. 그러나 〈그림 6-3〉의 소유지분도에서 볼 수 있듯이, 현재 현대차와 기아차는 많은 계열사에 공동으로 출자하고 있으며, 총수일가는 현대모비스를 통해 현대차를, 그리고 현대차를 통해 기아차를 지배하고 있다. 2층 구조의 출자회사-피출자회사 구조로 전환하기 위한 가장 단순한 방식은 현대차와 기아차가 합병하는 것이다. 그러나 이럴 경우 총수일가의 (현대모비스를 통한) 합병된 현대기아차에 대한 지배력은 약화된다. 나아가, 현대차의 경우에는 정의선 씨가 회장으로 취임해 실제로 경영권을 행사하고 있으나, 정몽구 전 회장의 지분을 상속받는 방식으로는 그룹 전체에 대한 세습이 용이하지 않은 실정이

27 박상인 외, 『삼성전자가 몰락해도 한국이 사는 길』(미래를 소유한 사람들, 2016); 박창욱·최종범, 「SK 그룹 지주회사 전환 사례」, *Korea Business Review* 제12권 제2호, (2008), 95-124면; 유진수, 「인적분할을 통한 지주회사 전환에 대한 연구」, 『산업조직연구』 제22권 제2호(2014), 73-95면 등을 참고하라.

다. 결국 기아차를 매각하는 방안이 필요할 수 있는데, 기아차의 매각은 한국 자동차산업의 독점적 구조를 변경시킬 수 있다는 점에서도 긍정적일 수 있다.

SK그룹과 LG그룹은 이미 지주회사 체제를 갖추고 있다. 또한 금산분리 문제도 없다. 그러나 2층 구조의 출자회사-피출자회사 구조로 전환하기 위해서는 SK그룹은 손자회사에 속하는 SK하이닉스를, 그리고 LG그룹은 LG디스플레이, LG이노텍 아래의 출자단계를 줄여야 한다. SK그룹은 SK텔레콤을 인적분할해 지주회사 SK텔레콤과 지주회사 SK를 합병하는 방식으로 출자단계를 줄일 수 있을 것이다. LG그룹도 LG전자를 인적분할해 유사한 방식으로 지주회사 LG와 합병할 수 있다. 물론 이 경우에 총수일가의 지주회사 지분율은 하락할 것이나, 인적분할을 통해 지주회사에 대한 실질적인 지배력을 유지할 수 있을 것이다. 따라서 자사주의 마법을 허용할 경우, SK그룹과 LG그룹의 경제력집중 문제는 해소되지 않을 수 있다는 문제가 발생한다.

이상의 논의에서 볼 수 있듯이, 자사주의 마법을 금지한다면 4대 재벌 모두 총수일가의 지배력을 유지하면서 동시에 출자구조 규제를 이행하는 데 상당한 어려움을 겪을 것으로 예상된다. 따라서 상법 개정을 통해 자사주의 마법을 금지한다면, 3층 출자구조를 예외적으로 허용하되 손자회사(피출자회사의 피출자회사)의 사업영역을 제한하고 이사의 1/2 이상을 MoM 규칙을 적용해 선출하도록 하는 방안을 함께 고려할 필요가 있다. 다른 한편으로, 자사주의 마법은 재벌의 출자규제 수용을 이끌어 내기 위한 당근이지만, 동시에 이로 인해 경제력집중의 억제 효과를 약화시키는 문제점도 발생시킨다. 따라서 '자사주의 마법'을 허용해 주고 2층 구조로 전환을 유도할 경우에도 기업집단의 사업영역을 제한함으로써 일부 계열사들을 매각해 경제력집중을 해소하는 방안도 고려해 볼 수 있다.

이상에서 살펴보았지만, 경제력집중 해소라는 정책의 효과성을 담보하고 수용성 제고를 위한 구체적인 정책 조합을 만들어야만 성공적으로 개혁을 마무리할 수 있다. 이를 위해서는 관련 정부 부처의 대표들로 구성된 이스라엘의 경쟁력강화위원회와 같은 한시적 기구를 대통령 직속으로 만들 필요가 있다. 이스라엘의 사례뿐만 아니라 한국 재벌 정책의 실패 경험을 바탕으로, 이 위원회가 구체적인 시뮬레이션을 통해 최적의 정책수단을 특정해서 특별법이나 공정거래법, 상법 등의 개정안을 제시하도록 해야 한다. 이 과정에서 이해당사자들과 관련자들의 의견도 청취할 필요가 있으며, 언론을 통해 전 국민에게도 소상히 설명해야 한다. 그렇게 해야만 국회에서 제대로 입법이 이뤄질 수 있을 것이다. 그러나 무엇보다도 대통령과 집권당이 명운을 걸고 추진하지 않는다면 개혁의 동력을 유지하기 어려울 것임을 이스라엘, 미국, 일본 그리고 과거 우리의 경험이 말해 주고 있다.

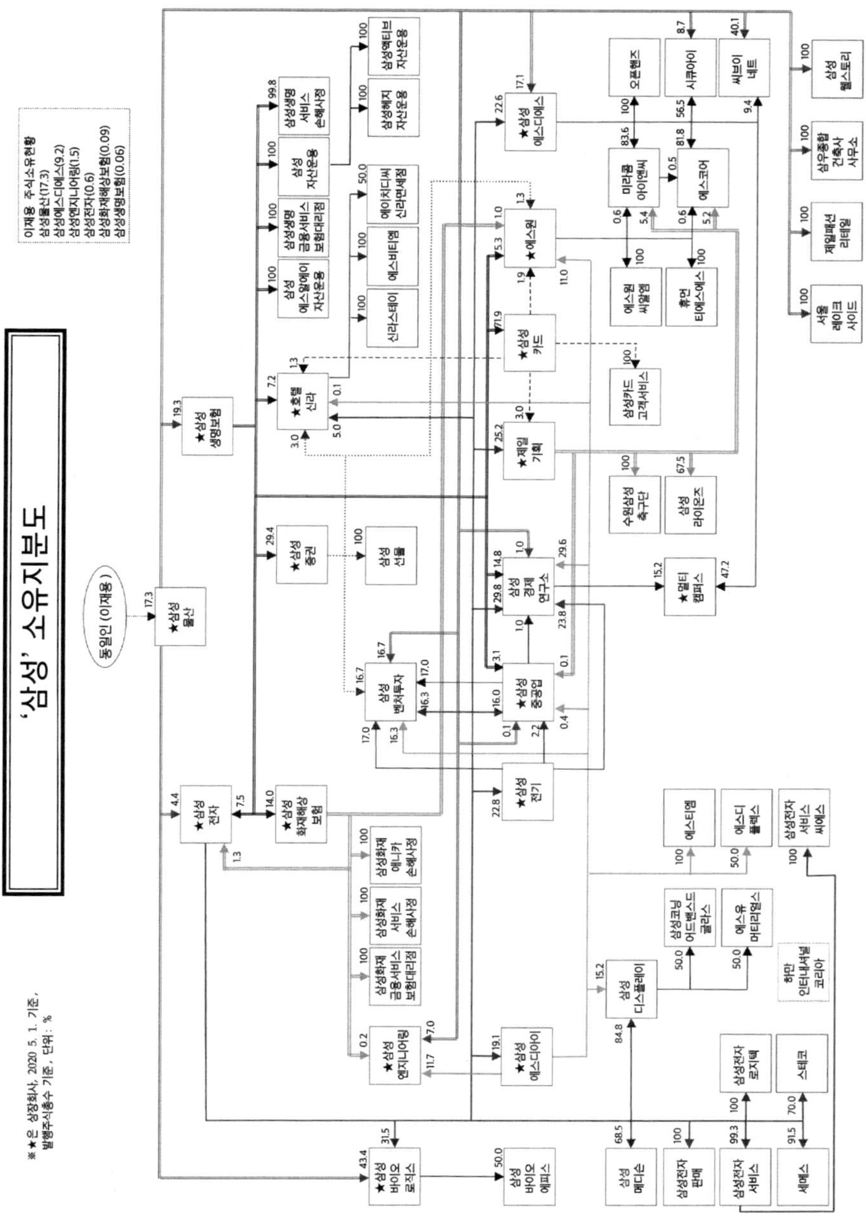
'삼성' 소유지분도
동일인(이재용)
이재용 주식소유현황
삼성물산(17.3)
삼성에스디에스(9.2)
삼성엔지니어링(1.5)
삼성전자(0.6)
삼성화재해상보험(0.09)
삼성생명보험(0.06)
※★은 상장회사, 2020. 5. 1. 기준,
발행주식총수 기준, 단위 : %

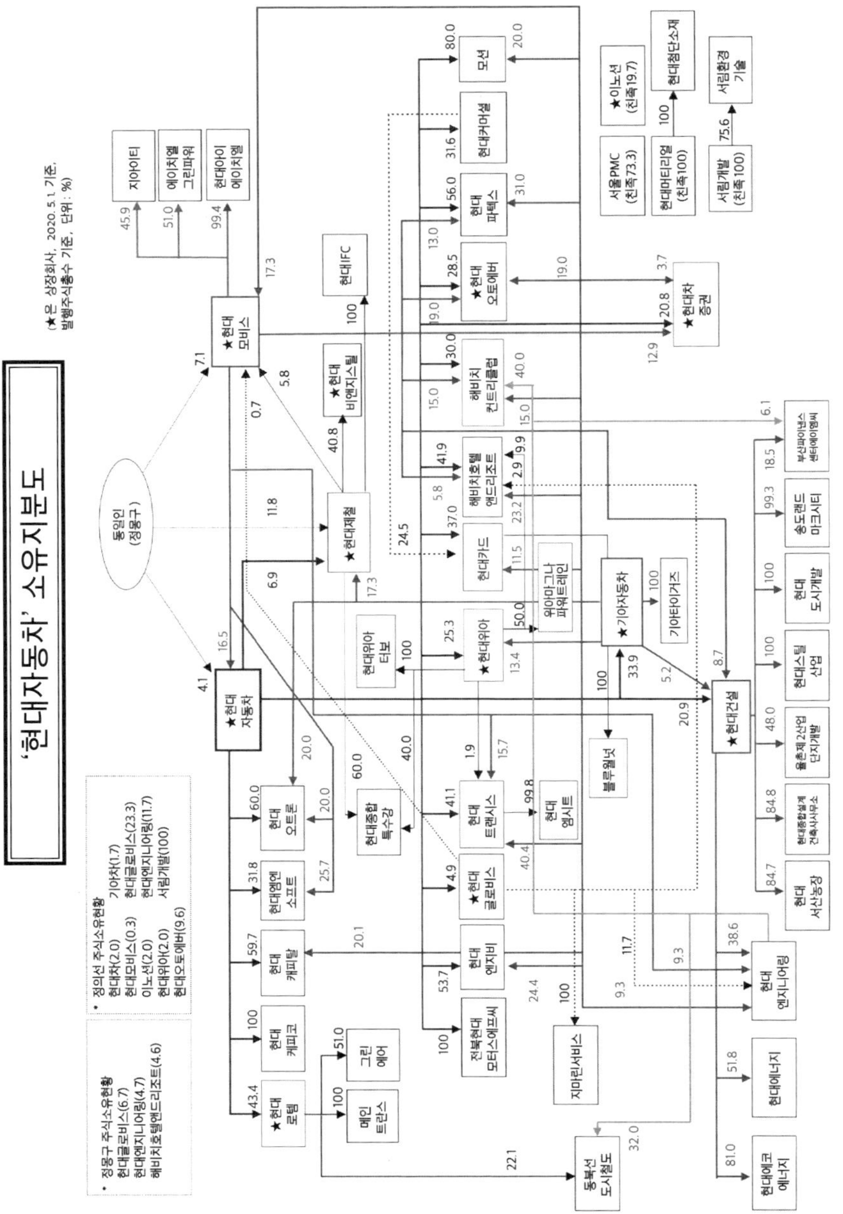

'현대자동차' 소유지분도
(★은 상장회사, 2020. 5. 1 기준, 발행주식총수 기준, 단위 : %)
• 정몽구 주식소유현황
현대글로비스(6.7)
현대엔지니어링(4.7)
해비치호텔앤드리조트(4.6)
• 정의선 주식소유현황
현대차(2.0) 기아차(1.7)
현대모비스(0.3) 현대글로비스(23.3)
이노션(2.0) 현대엔지니어링(11.7)
현대위아(2.0) 서림개발(100)
현대오토에버(9.6)
동일인 (정몽구)
★현대 자동차
★현대 모비스
★현대제철
★기아자동차
★현대건설

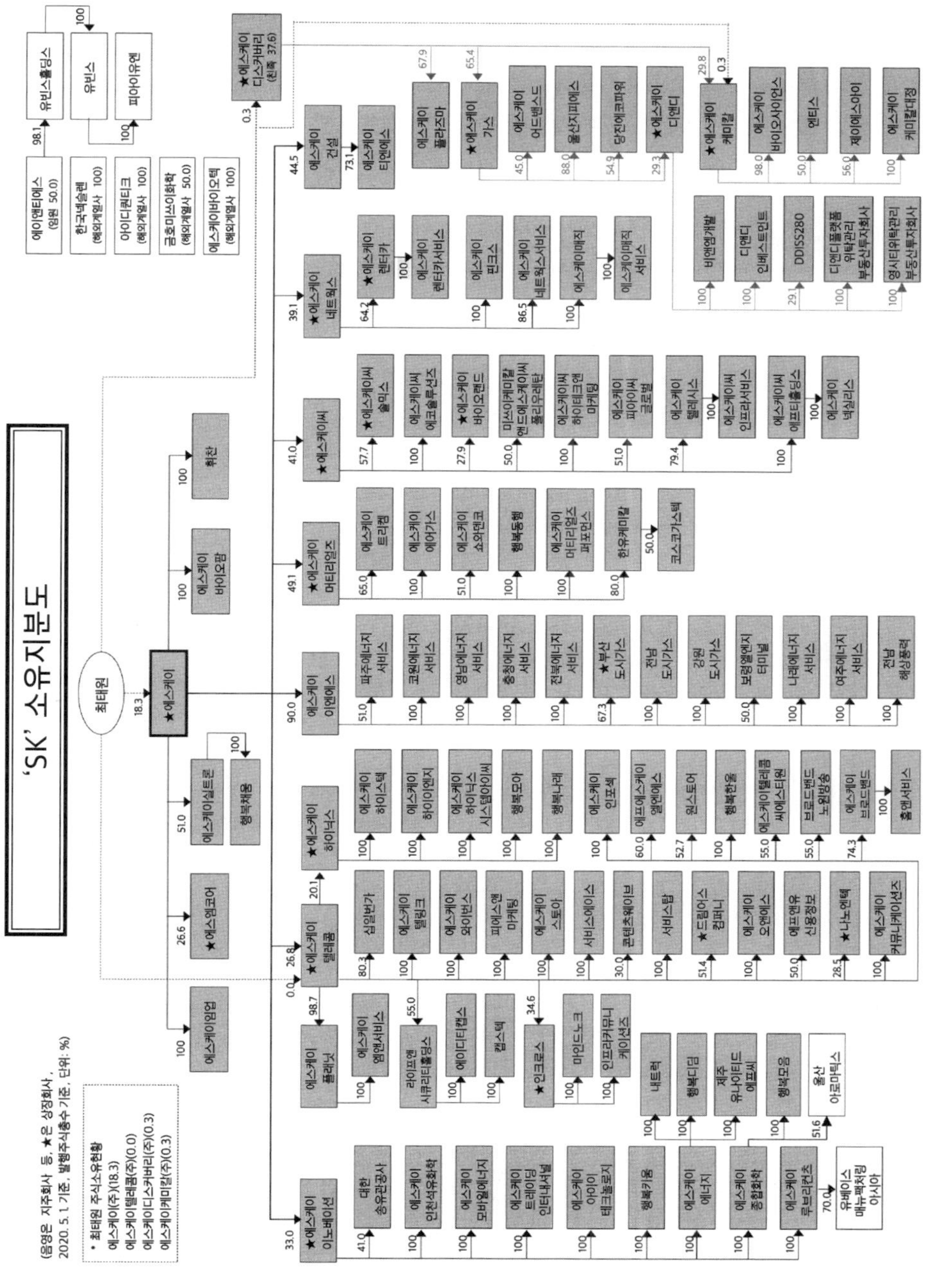
'SK' 소유지분도
(음영은 지주회사 등, ★은 상장회사, 2020. 5. 1 기준, 발행주식총수 기준, 단위: %)
• 최태원 주식소유현황
에스케이(주)(18.3)
에스케이텔레콤(주)(0.0)
에스케이디스커버리(주)(0.3)
에스케이케미칼(주)(0.3)
최태원
★에스케이
에스케이임업
★에스엠코어
에스케이실트론
행복채움
에스케이바이오팜
휘찬
★에스케이디스커버리 (친족 37.6)
에스케이플래닛
★에스케이텔레콤
★에스케이하이닉스
에스케이이엔에스
★에스케이머티리얼즈
★에스케이씨
★에스케이네트웍스
에스케이건설
★에스케이이노베이션
★에스케이가스
★에스케이디앤디
★에스케이케미칼
유빈스홀딩스
유빈스
피아이유엔

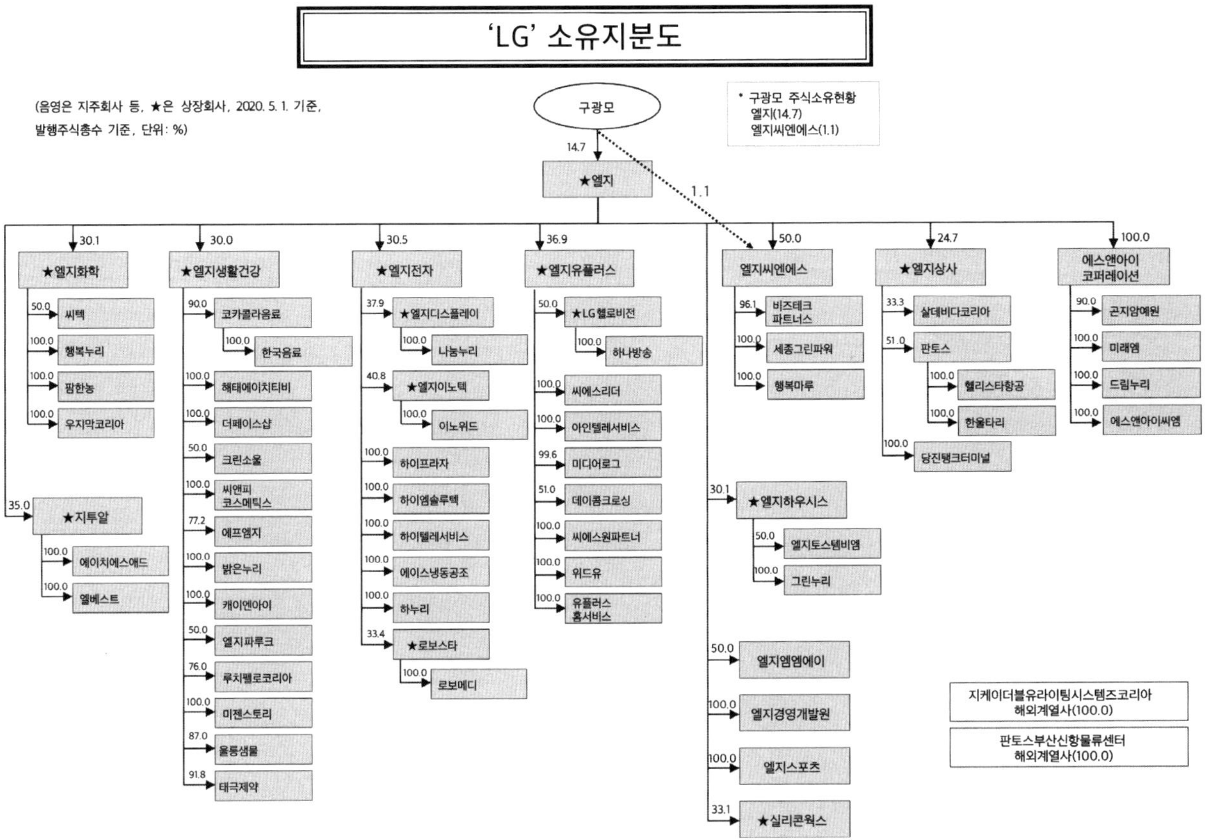

그림 6-3. 2020년도 지정 4대 재벌의 소유지분도

출처: 공정거래위원회.

참고문헌

권오승. 「일본의 재벌해체와 그것이 한국재벌정책에 주는 교훈」. 『서울대학교 법학』 제41권 제4호, 2001.

공정거래위원회. 「지주회사 제도 안내」. 2006. 7.

______. 「공정거래위원회 30년사: 시장경제 창달의 발자취 1981-2010」. 2011.

______. 「지주회사 수익구조 실태조사」. 2018. 7. 4.

______. 「2018년 공정거래법상 지주회사 현황 분석 결과」. 2018. 11. 18.

______. 『2018년도 공정거래위원회 통계연보』. 2019.

______. 『공정거래백서』. 2003-2019.

______. 보도자료 「대기업집단 순환출자 변동현황」. 2018. 4. 24.

______. 보도자료 「지주회사 수익구조 실태조사 결과」. 2018. 7. 4.

______. 보도자료 「2019년 대기업집단 주식소유현황」. 2019. 9. 6.

______. 보도자료 「2019년 지주회사 현황 분석 결과」. 2019. 11. 12.

김두진. 「공정거래법상 경제력집중 규제 연구」. 한국법제연구원, 연구보고 2006-12.

김윤정. 「공정거래법상 사익편취행위 규제의 현황과 개선방안: 대한항공 사건을 중심으로」. 『경제법연구』 제17권 제2호, 2018. 27-60면.

김주현. 「한국 재벌의 비주력 업종 진출 요인에 관한 연구」. 서울대학교 행정대학원 박사학위논문, 2019.

김주현·박상인. 「지주회사 전환 유도 정책이 대규모기업집단의 비주력업종 진출에 미친 영향 분석」. 『행정논총』 제58권 제1호, 2020.

______. 「지주회사 체제로의 전환이 기업지배구조와 내부거래에 미치는 영향」. 『경제학연구』 제69집 제2호, 2021. 29-64면.

박경로. 「은행산업의 집중과 안정성: 지점 금지 규제와 대공황 시기 시카고의 은행 파산」. 『경제발전연구』 제10권 제2호, 2004. 179-221면.

박상인. 『벌거벗은 재벌님』. 창해, 2012.

______. 『삼성전자가 몰락해도 한국이 사는 길』. 미래를 소유한 사람들, 2016.

______. 『왜 지금 재벌개혁인가?』. 미래를 소유한 사람들, 2017a.
______. 「이스라엘 경제력집중법의 한국 재벌개혁에 대한 함의」. 『한국경제포럼』 제10권 제3호, 2017b. 1-32면.
박상인 외. 「경제력집중 억제시책의 개선방안 연구」. 공정거래위원회 연구용역, 2006.
______. 「순환출자구조를 가진 재벌의 지주회사체제로 전환에 관한 연구」. 서울대학교 시장과 정부 연구센터 정책보고서, 2013.
______. 「현대차그룹의 승계와 지주회사체제로 전환에 관한 연구」. 서울대학교 시장과 정부 연구센터 정책보고서, 2016.
박상인·김주현. 『공정거래 행정과 정책의 역사』. 진인진, 2020.
박진·서정원·강신우. 「한국주식시장의 지주회사 디스카운트」. 『한국증권학회지』 제48권 제6호, 2019. 755-788면.
박진도. 「일본 재벌의 해체와 새로운 재편성: 재벌로부터 기업집단에로」. 『경제개발연구』 제4권 제1호, 1998.
박창욱·최종범. 「SK 그룹 지주회사 전환 사례」. *Korea Business Review* 제12권 제2호, 2008. 95-124면.
위평량·김우찬. 「국내 재벌그룹 팽창에 관한 분석과 그 대응방안 모색」. 『경제개혁리포트』 2011-06호. 경제개혁연구소, 2011.
유진수. 「인적분할을 통한 지주회사 전환에 대한 연구」. 『산업조직연구』 제22권 제2호, 2014. 73-95면.
이호영. 『독점규제법(제5판)』. 홍문사, 2015.
이황. 「공정거래법상 '특수관계인에 대한 부당한 이익 제공행위'에서 '부당한 이익'의 해석론」. 『법학논문집』 제41집 제2호, 2017. 171-199면.
장세진. 『외환위기와 한국 기업집단의 변화: 재벌의 흥망』. 박영사, 2003.
재정경제부·공정거래위원회. 『시장개혁 3개년 로드맵』. 2003. 12. 31.
조동성. 『한국재벌연구』. 매일경제신문사, 1990.
최정표. 『한국재벌사연구』. 도서출판 해남, 2014.
홍명수. 『경제법론III』. 경인문화사, 2013.
______. 『경제법론IV』. 경인문화사, 2018.
______. 「경제력집중 억제 정책의 평가와 과제」. 『강원법학』 제58권, 2019. 637-679면.

홍명수·이찬열. 「독점규제법상 지주회사 규제와 개선 방안에 관한 고찰」. 『가천법학』 제10권 제1호, 2017. 1-42면.

宮島英昭. 「財閥解體」. 法政大學産業研究センター 編. 『日本經濟の發展と企業集團』. 東京大學出版會, 1992.

下谷政弘. 『日本の系列とグループ』. 有斐閣, 1996.

後藤晃·領村與太郎 編. 『日本の競爭政策』. 東京大學出版會, 1998.

Aran, Y. and M. Ofir. "The effect of specialised courts over time." Eds. S. Ranchordas and Y. Roznai. *Time, Law and Change: An Interdisciplinary Study.* Oxford: Hart Publishing, 2020.

Beasley, W. G. *The Rise of Modern Japan*, 3rd ed. New York: St. Martin's Press, 2000.

Bebchuk, L. "Corporate pyramids in the Israel economy: Problems and policies." *A Report Prepared for the Committee on Increasing Competitiveness in the Economy.* 2012a.

_______. "Control of financial firms in the Israeli economy: Problems and policies." *A Report Prepared for the Committee on Increasing Competitiveness in the Economy.* 2012b.

_______. "Concentration of investments and systemic risks in Israel's long-term savings funds: Problems and policies." *A Report Prepared for the Committee on Increasing Competitiveness in the Economy.* 2012c.

Becht, M. and J. B. DeLong. "Why has there been so little block holding in America?" Ed. Randall K. Morck. *A History of Corporate Governance Around the World.* Chicago: University of Chicago Press, 2005. 613-666.

Ben-Bassat, A. (Ed.). *The Israeli Economy, 1985-1998.* Cambridge, Massachusetts: The MIT Press, 2002.

Franks, J., C. Mayer, and H. Miyajima. "The ownership of Japanese corporations in the 20th century." *Review of Financial Studies,* vol. 27, 2014. 2580-2625.

Franks, J., C. Mayer, H. Miyajima, and R. Ogawa. "Stock repurchaes and corporate control: Evidence from Japan." Mimeo, 2018.

Fried, J. M., E. Kamar, and Y. Yafeh. "The effect of minority veto rights on controller pay tunneling." *Journal of Financial Economics*, vol. 138, no. 3, 2020. 777-788.

Hadley, E. M. *Antitrust in Japan*. Princeton, NJ: Princeton University Press, 1970.

Hamdani, A., K. Kosenko, and Y. Yafeh. "Pyramidal business groups and regulation: Evidence the United States, Japan, Korea and Israel." Working Paper, 2019.

Herzog Fox and Neeman Law Office. Concentration Law Client Update, 2014.

Justman, M. "Structural change and the emergence of Israel's high-tech sector." Ed. A. Ben-Bassat. *The Israeli Economy, 1985-1998*. Cambridge, Massachusetts: The MIT Press, 2002. 445-484.

Kandel, E., K. Kosenko, R. Morck, and Y. Yafeh. "The great pyramids of America: A revised history of U. S. business groups, corporate ownership, and regulation, 1926-1950." *Strategic Management Journal*, 2018. 1-28.

Khanna, T. and Y. Yafeh. "Business groups in emerging markets: Paragons or parasites?" *Journal of Economic Literature*, 2007. 331-372.

Kosenko, K. "Evolution of business groups in Israel: Their impact at the level of the firm and the economy." *Israel Economic Review*, 2007. 55-93.

Li, N. "Do greater shareholder voting rights reduce expropriation?" Evidence from Related Party Transactions, Columbia University Ph. D. Thesis, 2018.

Meitar. Israel's Concentration Law: M&A Opportunities, 2014.

Miyajima, H., T. Hoda, and R. Ogawa. "Ownership, control and commitment: The case of Japan since the Late 20th Century." Working Paper, 2014.

Miyajima, H. and F. Kuroki. "Unwinding of cross-shareholding in Japan: Causes, effects, and implications." Eds. M. Aoki, G. Jackson, and H. Miyajima. *Corporate Governance in Japan: Institutional Change and Organizational Diversity*. New York: Oxford University Press, 2007.

Miyajima, H. and T. Saito. "Corporate Governance Reforms under Abenomics: The Economic Consequences of Two Codes." Eds. T. Hoshi and P. Lipscy. *The Political Economy of the Abe Government and Abenomics Reforms*. New York:

Cambridge University Press, 2021.
Morck, R. "How to Eliminate Pyramidal Business Groups: The Double Taxation of Intercorporate Dividends and Other Incisive Uses of Tax Policy." Ed. J. Poterba. *National Bureau of Economic Research Tax Policy Annual*. Chicago: University of Chicago Press, 2005.
Morck, R. and M. Nakamura. "A frog in well knows nothing of the ocean: A history of corporate ownership in Japan." Ed. Randall K. Morck. *A History of Corporate Governance Around the World*. Chicago: University of Chicago Press, 2005. 367-465.
Morck, R., D. Wolfenzon, and B. Yeung. "Corporate governance, economic entrenchment, and growth." *Journal of Economic Literature*, vol. 43, no. 3, 2005. 655-720.
OECD. "Annual report on competition policy developments in Israel." 2014.
Roosevelt, F. D. "Appendix A: Message from the president of the United States transmitting recommendations relative to the strengthening and enforcement of anti-trust laws." *The American Economic Review*, vol. 32, no. 2, 1942. 119-128.
The Committee on Increasing Competitiveness in the Economy. Interim report, 2011.
_______. "Final recommendations and supplement to the interim report." 2012.
Yafeh, Y. and O. Yosha. "Large Shareholders and Banks: Who Monitors and How?" *The Economic Journal*, vol. 113, no. 484, 2003. 128-146.

https://en.globes.co.il/en/article-idb-pyramid-structure-to-be-reduced-1001202597
https://en.wikipedia.org/wiki/History_of_Israel
https://terms.naver.com/entry.naver?docId=1169921&cid=40942&categoryId=34596 (『두산백과』)
https://terms.naver.com/entry.naver?docId=2724096&cid=43667&categoryId=43667 (『시사상식사전』, 박문각)
https://www.gov.il/en/departments/news/press-ofer

https://www.haaretz.com/israel-news/business/.premium-july-1-1985-the-day-israeli-capitalism-was-born-1.5375114
https://www.history.com/topics/middle-east/history-of-israel
https://www.reuters.com/article/uk-israel-dankner-court/israeli-business-mogul-dankner-found-guilty-of-securities-fraud-idUKKCN0ZK1AL

찾아보기

Abstract

Anti-Concentration Law in Israel

Sangin Park

(Graduate School of Public Administration,
Seoul National University)

The book aims to analyze why and how the Law for Promotion of Competition and Reduction of Concentration ("Anti-Concentration Law") was enacted in Israel in 2013, and then to discuss its implementation and implications. The Anti-Concentration Law of Israel is further evaluated in comparison with the New Deal reform of the U.S. and the disbandment of Zaibatsu in Japan after the World War II. Finally the book discusses possible chaebol reforms in Korea in the light of the Israeli reform.

박상인

서울대학교 경제학과를 졸업한 뒤, 미국 예일대학교(Yale University)에서 경제학 박사학위를 취득했다. 1996년 가을부터 뉴욕주립대학교 스토니브룩(State University of New York at Stony Brook)에서 경제학과 조교수로 재직했으며, 2003년 가을에 서울대학교에 부임한 후 현재 행정대학원 교수와 '시장과 정부 연구센터' 소장으로 재임 중이다.

주요 저서로는 『왜 지금 재벌개혁인가』(2017), 『삼성전자가 몰락해도 한국이 사는 길』(2016), 『벌거벗은 재벌님』(2012)이 있으며, 『서울대 경제학자 8인이 말하는 한국경제』(2017), 『방송통신 정책과 쟁점』(2011), 『한반도 경제공동체 그 비전과 전략』(2009), 『한국의 기업지배구조 연구』(2008), *Strategies and Policies in Digital Convertgence*(2004) 등의 공저서와 *Review of Economics and Statistics*, *Journal of Econometrics* 등을 비롯한 국내외 저명 학술지에 게재한 다수의 논문이 있다.